男子問題の時代？

錯綜するジェンダーと教育のポリティクス

多賀 太

TAGA FUTOSHI

学文社

まえがき

今日の日本には、ジェンダー（男女の社会的なあり方）に関するさまざまな見解や主張が入り乱れている。

従来、性別に基づく差別といえば女性差別を指すものと見なされてきた。ところが近年では、「差別されているのはむしろ男性の方である」との声が聞かれることも少なくない。また、性別に基づく差別の禁止、ならびに両性の本質的平等は、日本国憲法でも謳われている社会の基本的価値である。しかし、「男と女は異なるのだから、男女平等などありえない」という声は依然として根強い。さらに、男女平等を支持するかしないかという以前に、男女の違いを語ること自体へのさまざまな批判の声も聞かれる。たとえば、「個人の失敗を性別のせいにすべきでない」「性差よりも個人差の方が大きい」「男女の比較ではとらえられない性的少数者の問題に目を向けるべきだ」などである。

これらはほんの一部の例に過ぎないが、そこからうかがえるのは、ジェンダーをめぐるさまざまな語りの間の関係は、単なる「対立」のレベルを超えて「錯綜」あるいは「混乱」の様相を呈しているということだ。これをリング上で展開される格闘技にたとえるなら、二人の競技者がボクシングのルールに則って打ち合っているかと思えば、別の競技者はプロレスのルールに則って上空からその二人に跳び蹴りをお見舞いしようとしており、リングの周りには、リング上で行われているのがいかなる競技であれ、リングの存在自体を批判する者が集まっている状況として描写できるかもしれない。あるいはそれは、大勢のレスラーがリング上での生き残りを賭けて同時に闘い合う「バトルロイヤル」に似ているといえるかもしれない。そこでは、自分以外は基本的にみな敵であるが、試合の流れに応じて、共通の敵に対して一時的に味方ができたり、かと思えばそれまでの味方が突然敵になったりすることもある。

いずれにせよ、冒頭に示したさまざまな見解のうち、どれかが絶対的に正しくて、どれかが絶対的に間違っているというわけではないだろう。むしろ、どの見解も、ジェンダーに関する事柄の少なくともある一面は的確にとらえていたり、少なくともある一定の人々の生活実感に根ざしていたりするに違いない。

確かに、社会を構成する人々の意見が完全に一致している同質的な社会よりも、ある程度異なる意見がぶつかり合う社会の方が健全かもしれないし、そもそも、異なる生い立ちを経て、異なる社会的立場にあり、異なる利害を有している人々の間で、全員の意見が一致することなど永遠にありえないのかもしれない。

とはいえ、各々が各々の主張を勝手に言い放っているだけでは、議論は前進せず、社会の進展も期待できない。われわれの社会の少なからぬ人々が、男女のあり方にまつわる事柄によってさまざまな「生きづらさ」を抱えているということは紛れもない事実であり、そうした生きづらさの解消に向けた社会のあり方を構想しようとするのであれば、さまざまに異なる見解を持った人々が、少なくとも同じ土俵に立ち、共通のルールに則って議論を戦わせる必要があるのではないだろうか。

本書は、こうした問題意識から、ジェンダーと教育に関するさまざまな見解や主張が絡み合い混乱している状況に向き合い、それらを解きほぐして整理した見取り図を示すことで、生産的な議論の方向性を探ることを試みたものである。

本書では、特に男女のあり方を多角的な視点からとらえることを重視している。立体図形にたとえていうならば、ある立体を上から見るか下から見るか、横から見るか斜めから見るかによって、全く違った形に見えるかもしれないし、遠くから見るのと間近で見るのとでは、随分と印象が異なるかもしれない。しかし、どれもその立体のある側面をとらえていることに違いなく、そうした多角的な観察を通して、はじめてその立体の全体像を理解することができる。

男女のあり方についても同様であろう。男であることの「利益」に着目するか、そうした利益を得るための「コスト」に着目するかによって、男であることが有利に見えたり不利に見えたりするが、いずれも男であることの一面をとらえているに違いない。また、集団としての男女を比較する限り圧倒的に男性が有利な社会であっても、個々の男女関係においては女性の方が有利な状況が起こりうるかもしれない。

さらに本書では、男女のありの方パラドキシカル（逆説的）な側面に、意識的に光を当ててもいる。たとえば、一般に受け入れられている説（例：別学は性差別的で、共学は男女平等を促す）とは正反対の説（例：共学が男女格差を広げ、別学が男女の平等化を促進する）が、ある面では正しかったり、一見論理的には矛盾していそうな説（例：男性優位社会だからこそ男性は生きづらい）が、よく吟味すれば矛盾してはいなかったりもする。本書は、こうした、いわば複眼的な視点からの観察を通じ、錯綜した男女のあり方のよりリアルな像を描き出そうとするものである。

本書の概要を示そう。

最初の三つの章は、男性を「ジェンダー化された存在」としてとらえる男性学・男性性研究の視点（多賀 2006）から、男の子や若い男性が直面する諸問題とそれらに関するさまざまな見解の錯綜をテーマとして取り上げている。第1章では、日本で近年聞かれるようになった「男子」をめぐる問題に関する語りを、西洋諸国におけるそれらと比較しながら、両者の間の差異が生じる社会的背景と、それらの語りの妥当性について考察している。第2章では、先進諸国の中でも圧倒的に男性優位の社会だといわれている日本において、「男の生きづらさ」が盛んに語られるという逆説的な現象に着目し、「男性性の社会理論」を手がかりとして、そのメカニズムの解明を試みている。第3章では、女性に加えて一部の男性の間でも雇用と収入の不安定化が進行する現状を、仕事で必要とされる「能力」の変化と、「能力」に基づく選抜環境の変化の観点からとらえ直し、男女の経済的自立に向けた労働政策と教育のあり方を議論している。

続く三つの章では、教育においてジェンダー問題を考えるうえでの基本コンセプトの問い直しを試みている。第4章では、ジェンダーの正義をめぐる諸立場を三つの類型とそのサブタイプとして把握することを通じて、教育現場でのジェンダーの扱いをめぐる錯綜状況を解きほぐし、生産的な議論の方向性を提起している。第5章では、小学校での実践事例の考察をふまえて、〈男女平等教育〉における困難の一因が、実はそのコンセプト自体に内在している可能性を指摘し、そうした困難を乗り越える方法を探っている。第6章では、男女共学／別学のコンセプトとその効果に関する近年のさまざまな議論を整理し、別学は性差別的で共学は男女平等化を促進するとは必ずしもいえないことを確認したうえで、より実りある議論の道筋を検討している。

最後の第7章では、「ジェンダーと教育」に関する研究の動向を、それらが「男子」をどのようにとらえようとしてきたのかという観点から整理し直し、今後さらに「男子」に関する有益な研究が進展していくための視点と枠組みを提起している。

本書を通して、男女のあり方や教育・社会を捉える「視点」が変われば、「見える景色」も大きく違ってくることに気づいていただければ幸いである。

■目次

男子問題の時代？——錯綜するジェンダーと教育のポリティクス——

第5章　個性尊重のジレンマ
―〈男女平等教育〉の実践事例から―……111

第6章　分けるか混ぜるか
―別学と性別特性をめぐる言説の錯綜―……135

第7章　男子研究の方法論的展開
―「ジェンダーと教育」研究のさらなる可能性―

第1章

男子問題の時代？
―男子をめぐる論争の展開と構図―

近年日本でも、若い女性や女の子の元気の良さや優秀さが強調される一方で、若い男性や男の子の元気のなさや出来の悪さを嘆く声が聞かれるようになった。しかし、西洋諸国における「男子」のあり方をめぐる社会的関心の大きさと論争の激しさは、日本の比ではない。なぜいま「男子」に注目が集まっているのか。西洋諸国と日本における「男子」についての語りを比較しながら紹介し、その社会的背景を探る。

1　男子問題の時代か

日本では、若い男性や男の子の元気のなさやふがいなさを嘆く声がさかんに聞かれるようになって久しい。２００９年12月1日に発表された自由国民社『現代用語の基礎知識』選出の新語・流行語大賞トップテンには、恋愛や性に対して貪欲でない男性を表す「草食男子」という言葉がランクインした。この言葉は、現代の若い男性の多様性についてユーモアを込めて描いた著書（深澤 2007）で取り上げられた男性の一タイプに過ぎなかったが、「草食系男子」の異名で瞬く間に人々の間に知れ渡った。また、学校現場で教えている教員に男子と女子の様子を尋ねると、小学校から大学まで、学校段階にかかわらず、「優秀な女子と不出来な男子」という対比で語られることが少なくない。これらの声を聞く限り、若い男性や男の子は、もはや同世代の女性に圧倒されており、あたかも「女性優位の時代」が到来したかのようである。

似たような声が、西洋でも聞かれる。というよりも、実は西洋諸国の方が「男子」の問題に対する人々の関心は圧倒的に高い傾向にあり、学齢期の男子の間にみられるさまざまな「問題」は、いまや深刻な「社会問題」と見なされるようにさえなった。各国のメディアは、男子の方が「恵まれない性」であるといわんばかりの報道を繰り返しているし、オーストラリアでは、これまでに男子の補償教育のために莫大な国家予算が投じられている。

しかし、1990年代前半までは、これら西洋の国々でも、「ジェンダーと教育」の問題といえば女子の問題だと見なされてきた。最近まで、教育を受ける機会や学校から労働市場への移行において不利を被っているのは、男子ではなく女子であると考えられてきた。それがなぜ、今になって「男子問題」なのだろうか。本当に、女性に有利な時代が到来したのだろうか。それとも、これらの騒ぎは、誤った状況認識に基づく過剰反応なのだろうか。

確かに、現代の社会状況は、女性解放運動が世界の先進諸国を席巻した1970年代とは大きく異なっている。当時は主流の社会体制に対する対抗的思想であったフェミニズムが、今や主流の公的政策の中に取り入れられている。また、社会生活が複雑化しライフコースが多様化するなかで不平等の個人化が進行しており（樋口 2004）、「女なら劣位／男なら優位」というように、単純な属性だけでは個人の生活上のリスクや困難の度合いをはかりにくくなってきている。しかし、従来のとらえ方をただ逆転させただけの「男は劣位／女は優位」という枠組みも同様に、現代社会の複雑化したジェンダーに関わる問題を的確に理解するには不十分であるように思える。

そこで本章では、西洋諸国と日本における男子論争を概観し、男子を問題化する言説の成り立ち、妥当性、限界について検討する。まず、西洋諸国における学齢期の男子をめぐる論争を概観し、男子のどのような点がいかなる意味で「問題」とされているのかを確認する。次に、日本における青年期の男性をめぐる論争を概観し、そこに西洋の男子論争と類似した問題化図式を見出すとともに、日本では学齢期よりも青年期に関心が向けられている理由を考察する。それらをふまえて最後に、青年期男性と学齢期男子を問題化する言説の妥当性と限界について検討する。

2 西洋諸国における男子論争―学齢期への関心

女子問題への注目

１９９０年代前半までは、日本だけでなく西洋においても、教育におけるジェンダーの問題といえば女子の問題であるというのが常識だった。しかし、そうした常識がつくられたのは、そう遠い昔のことではない。１９７０年頃までは、人々の関心は女子の教育にそれほど向けられておらず、どちらかといえば男子の教育に向けられていた。たとえば、19世紀末から20世紀初頭のアメリカにおいては、今日と同じように、男の子たちが無気力で「伝統的な」男らしさへの関心を失いつつあることや、男女共学や女性教師が男子の教育に悪影響を及ぼすことを懸念する声が高まり、「伝統的な」知識や活動に触れさせたり、体育、ボーイスカウト、軍事訓練などを利用したりして、男の子たちを再び「男らしく」する取り組みが展開されていた（Weaver-Hightower 2009）。

しかし、１９６４年にアメリカで公民権法が制定され、それに続いて女性解放運動が興隆すると、西洋諸国では、女子の教育に関心が向けられるようになった。１９７０年代には、各国で性差別を禁止する法律の制定や両性間の実質的な教育機会均等策の策定へ向けた動きが見られるようになり、教育における女子の実態を明らかにするための研究が進められた。たとえばアメリカでは、連邦政府から助成を受けた教育活動における性差別を禁じた公民権法教育修正条項第Ⅸ編が１９７２年に可決されたことを受けて、女子の進学や実質的な学習機会への関心が一気に高まった。１９９４年に「男女平等教育法」が可決された際にも、その焦点は専ら教育における女子の不利に置かれていたが、そのことは、同法の可決を後押しした全米大学女性協会の『学校はいかに女子の能力発揮を妨げているか』（１９９２年）やサドカー夫妻の『公平さのもとでの失敗―学校はいかに女子をだましているか』（１９９４年）といった調査研究のタイトルからも明らかである（Weaver-Hightower 2009）。イギリスでは、性差別禁止法制定（１９７５年）後の１９７０年代後半には、政策上の関心は女子の学業不振に向けられており、反性差別主義の立場から女子の不利の解消を目指す教育の機会均等策が重視されていた（Weiner et al. 1997）。オーストラリアでも、当時の教育政策の焦点が女子に当てられていたことは、『少女、学校、社会』（１９７５年）、『オーストラリアの学校における女子教育のための国家政策』（１９８７年）、『女子の声を聞け』（１９９２年）、『女子教育のための全国アクションプラン』（１９９３年）といった政府の関連文書や報告書のタイトルを見れば一目瞭然である（Mills et al. 2009）。

男子問題へのシフト

このように、西洋諸国において、１９７０年代から９０年代前半までは、教育におけるジェンダーの問題と言えば女子問題であった。ところが、１９９０年代半ば頃から、ジェンダーと教育に関する各国での関心の焦点は、再び女子から男子へとシフトしていった。この変化を生じさせた大きな要因の一つが、試験結果に基づく学力競争の激化である。イギリスでは、義務教育修了者を対象とした全国共通試験（GCSE）の結果が1994年に「リーグ・テーブル」と呼ばれる成績一覧表の形で公開されるようになって以来、メディアがこぞって「男子の学業不振」を問題として取り上げるようになった（Mills et al. 2009）。新聞各紙は、1994年の試験結果の報道に際して、「男子の困難」（*Sunday Times*）、「リーグ・テーブルで女子が男子に大勝」（*Times*）、「クラスのトップは賢い女子たち」（*Today*）などの見出しを掲げて「男子の不振」を強調した（Weiner et al. 1997）。ドイツでも、2000年のOECD生徒の学習到達度調査（PISA）[1]において男子の成績が女子よりも劣っていたことがきっかけとなり、新聞や商業雑誌から研究雑誌に至る各種メディアで「これまで学校で女子の不利益ばかりが言われてきたが、実は問題なのは男子なのではないか」という議論が顕著になってきた（池谷 2009：9）。

「学力」のさまざまな側面のなかでも、ほとんどの国においてとりわけ「男子の問題」とされるのが、「読解力」である。これまでのPISAの結果を見る限り、ほとんどの参加国で、「読解力」に関する男子の平均得点は女子のそれを有意に下回っている（国立教育政策研究所 2015）。また、義務教育修了後の進学動向において、女子の方がよりアカデミックなタイプの学校へ進学する割合が高い国も目立

1　OECD加盟国が参加して2000年から3年おきに実施されている15歳時の生徒を対象とした学習到達度調査。

つ。たとえばアメリカでは、２００７年に学部（undergraduate）レベルの高等教育機関に入学した女性は、男性の１・３倍であった（USDE 2010）。ドイツでも、中等教育段階で最も学力が高いとされる学校種である「ギムナジウム」への進学者は女子の方が多いし、１９７０年には６割を越えていた一般大学入学資格取得者に占める男子の割合は、２００２年には44％にまで低下している（池谷 2009：184-5）。

さらに、男子の学校生活や社会生活への不適応を示す例としてしばしば挙げられる次の諸傾向も、各国でほぼ共通して見られるものである。すなわち、男子は女子に比べて、学習活動に積極的に参加したり学校生活を楽しんだりする度合いが低いこと、特殊教育で学ぶ生徒の割合が高いこと、学習障害と診断される率が高いこと、後期中等教育段階での留年率が高いこと、自殺率が高いこと、虐待の被害者となる率が高いこと、刑務所に収容される率が高いこと、学校における成功と齟齬をきたすような態度や習癖をもちやすいことなどである（Weaver-Hightower 2009：Mills et al. 2009：池谷 2009：186）。

こうして、男子問題についての関心が各国で高まるなか、オーストラリアでは、教育相の諮問を受けて連邦議会下院の教育訓練常任委員会が２００２年に『男子―正しい理解』と題する報告書を提出し、男子の学力不振と学習忌避に関する膨大な「証拠」と、そうした問題に対する各学校での取り組みの実態を明らかにした（SCET 2002）。この報告書を受けて連邦政府は、２００３年から２００５年にかけて約７００万ドルの予算をつぎ込んだＢＥＬＳ（Boys' Education Lighthouse School）計画を実行し、男子の教育ニーズに応える取り組みを行っている学校に助成金を交付するとともに、取り組みの効果を検証した（DEEWR 2010）。さらに連邦政府は、２００５年から２００６年にかけて、２０００万ドル近い予算をともなった「男子のための成功」（Success for Boys）計画を実行した。これは、同性の役割モデルとなる指導者から援助を受ける機会を男子に提供すること、情報・コミュニケーション技術を利用して積極的な学習参加を男子に促すこと、効果的なリテラシー教育を男子に施すこと、先住民の男子が抱える問題に取り組むことを柱として、学校が選択的に実施できる取り組みのメニューを示すとともに、平均約1万ドルを全国１６００の義務教育学校に交付し、男子の教育ニーズに応える取り組みを実行させるものであった（DEEWR 2010：Mills et al. 2009）。

このように、西洋諸国において「男子問題」として語られる事柄にはさまざまなものがあり、「問題」に対する反応の仕方も、メディアを通した単なる不安の表明から国家ベルでの組織的な取り組みまでさまざまである。しかし、それぞれの「問題」における男子のとらえ方は大きく次の二つのタイプに集約できる。

「厄介者」としての男子

一つは、学業不振や粗暴な振る舞いといった男子の「問題」の責任を男子自身に求め、そうした男子を排除されても仕方のない「厄介者」（problem）と見なす見方である。こうした見方は各国において見られるものであるが、それがとくに顕著なのがイギリスである。これは、経済的効率を第一に重視し、市場メカニズムのもとでの競争によって発展を目指そうとする新自由主義的な人的資本論の考え方がイギリスで支配的であることと大きく関わっている（Mills et al. 2009）。

広義の人的資本論の考え方においては、教育は、社会の維持・発展に必要な人材を育成するという側面において、個人にとってのみならず社会にとっても投資であると見なされる（金子・小林 2000）。したがって、教育を通して期待される人材が効果的に育成されていない状態は、投資の「失敗」であり社会にとっての「損失」である。一方、新自由主義の考え方においては、競争的環境で成功するための機会は万人に平等に開かれており、そうした機会をどれだけ利用するかは個人に委ねられていると見なされる。したがって、個人の失敗の責任は個人に求められる。こうして、新自由主義的な人的資本論の文脈においては、学業不振の男子は、社会的に不利な立場に置かれている「かわいそうな男子」（poor boys）というよりも、社会から期待される水準に達するための努力を怠った「落ちこぼれ男子」（failing boys）と見なされることになる。

さらに、こうした風潮のもとで、学校における男子の態度に対する見方も変わりつつある。イギリスでは、かつては「男の子のいたずらは仕方がない」（boys will be boys）として、粗暴な振る舞いや勤勉さへの嫌悪といった男子の反学校的な態度は大目に見られ、時には賞賛されることさえあった。しかし、近年そうした傾向は影を潜め、政策文書では男子の反抗的態度をあからさまに非難する声が目立ってきている（Mills et al. 2009）。男子の反学校的態度は、本人の学業達成にとってマイナスであるだけでなく、懸命に学業に取り組んでいる女子や他の男子たちの学業達成に対しても悪影響を及ぼす。しかも教師たちは、そうした「問題ある」男子生徒たちを指導しようとすれば膨大な時間と労力を費やさざるをえない。人的資本論の考え方からすれば、そうした男子の反学校的態度は、効率的な人材育成という教育の目的に対して多大な損失を与えていることになる。一方、個人の選択と自己責任を強調する新自由主義の文脈では、彼らのそうした態度は、彼らを取り巻く社会経済的環境によってもたらされたものというよりも、やる気のなさやモラルの欠如といった個人の問題として解釈される。こうして、学業が不振で他の生徒たちの学習を妨げる「厄介者」としての男子は、「援助」の対象としてではなく、同情の余地のない、排除されても仕方のない存在と見なされることになる。

「被害者」としての男子

一方、男子のさまざまな問題を、男子の不利を表すもの、もしくは男子が置かれた不利な立場によって生じているものと見なし、男子は支援されるべき「被害者」(victim)であるとする見方もある。この見方においては、男子に典型的に見られる粗暴な行為や反学校的な態度でさえ、「男らしさの危機」という「被害」に対する反応として解釈されることもある。こうした見方は各国で見られるが、それが最も顕著に見られるのがオーストラリアである(Mills et al. 2009)。

先にふれた報告書『男子―正しい理解』では、男子の不利として次のような点が指摘されている。シングル・マザーの家庭や、約8割が女性教師で占められている初等教育学校では、男子は、モデルとなる同性の大人から適切な振る舞い方や望ましい人間関係のあり方を学ぶ機会を奪われている。また、男子と女子では学習スタイルの好みが異なる傾向があるにもかかわらず、学校現場ではそうした違いにあまり注意が払われておらず、とくに初等・中等教育では受動的で言語を重視した女子向きの学習スタイルがとられる傾向にある。さらに、従来は肉体労働や伝統的熟練労働への就業によって男性は女性よりも高い割合でフルタイムの雇用にありつけていたが、近年ではそうした職業が衰退している。しかも、労働市場のあらゆる領域でコミュニケーション能力や対人関係能力が重視されてきているが、男子はこれらの能力を女子ほど発達させていないため、労働市場への不適応が懸念される。それなのに、教育政策においては、過去20年間にわたって女子を支援するためのプログラムが実行される一方で、男子の教育ニーズを明らかにしてそれを満たそうとする試みはほとんど行われてこなかったというのである（SCET 2002 : xv-xxiii）。

この報告書が示すように、もし本当に男子が教育上不利な位置に置かれた「被害者」であるならば、実質的な教育機会の均等という価値（第4章参照）に依拠する限り、女子ではなく男子こそが支援されるべき対象であることになる。

このように、近年の西洋諸国においては、「厄介者としての男子」「被害者としての男子」という二通りのとらえ方が混ざり合いながら、「男子こそが問題である」という見方が形作られているのである。これらの見方の妥当性や限界についての検討は4節で行うことにして、その前に日本の男子論争の現状を概観しておこう。

3　日本における男子論争―青年期への関心

「一人前」になれない若者たち

これまで見てきたように、1990年代半ば以降、西洋諸国では、学齢期の男子が問題であるという見方が広く人々の間に浸透している。それに対して、日本では今のところ、学齢期の男子の現状を問題視する声はそれほど大きくはない。日本で論争の焦点になっているのは、むしろ青年期の男性である。

若い男性たちを問題化する声にはさまざまなものがあるが、そのほとんどが、男性が「一人前の男」になれなくなってきたことに関わっているという点で共通している。ここでいう「一人前の男」とは、家族を養える男性、すなわち十分な経済力をもち、女性と結婚し、家族の長としての責任を果たせる男性のことである。これは、R・コンネルが指摘している近代社会におけるジェンダー秩序の特徴、すなわち、分業関係における男性の稼得役割、性愛関係における異性愛のパターン、権力関係における男性優位に対応している（Connell 1987=1993 : 151-186）。つまり、日本における青年期男性をめぐる論争は、近代社会のジェンダー秩序を体現する「男らしさ」が揺らいでいることへの不安と不満の表明であるといえよう。

そうした近年の青年期男性をめぐる論争を注意深く見てみると、そこには、西洋諸国の男子論争の場合と同じように、彼らを「問題」と見なす二通りのとらえ方が確認できる。

一つは、一人前になれない若い男性たちのふがいなさを嘆くというものである。その典型例が、1990年代の終わり頃から2000年代の半ばにかけて起こったフリーター／ニート批判である。「フリーター」と「ニート」の定義にはある程度のバリエーションが見られるが、この分野の研究をリードしてきた研究者の一人である小杉礼子の定義によれば、「フリーター」とは「15～34歳で学生でも主婦でもない人のうち、パートタイマーやアルバイトという名称で雇用されているか、無業でそうした形態で就業したい者」(小杉 2003：3)、「ニート」とは「15～34歳の非労働力（仕事をしていないし、また、失業者として求職活動をしていない）のうち、主に通学でも、主に家事でもない者」(小杉編 2005：6)である。

確かに、これらの定義に従えば、「フリーター」も「ニート」も男性だけを指す言葉ではないし、少なくとも2005年の時点では、「ニート」に関しては男性の方が多いものの、「フリーター」に関しては女性の方が圧倒的に多かった(太郎丸編 2006：5)。しかし、従来から既婚女性の多くはパートタイマーとしてしか働けなかったにもかかわらず、若い男性たちがそうした境遇に置かれるようになったとたんに大きく問題視されるようになった点や、これらの定義において、既婚女性や家事従事者が除外されている点をふまえるならば、フリーター／ニート問題は、男性を一家の稼ぎ手と想定したうえでの男性問題として社会問題化してきた側面が大きい(伊田 2008)。

「フリーター」にしても「ニート」にしても、もともとは若者たちの間に見られる変化を把握するための道具としての用語であり、必ずしも否定的な意味ばかりで用いられていたわけではなかったし、就業構造の変化や経営側の判断など、そうしたタイプの若者が増加したり顕在化したりしてきた社会経済的要因についても指摘されてきた。しかし、研究者、行政機関、メディア、政治家など、当の若者の「外部」の声が呼応し合いながら「問題」がより深刻なものとして形作られていくなかで、その「問題」の原因は若者自身に求められる傾向がますます強くなっていった（本田他 2006）。たとえば「働かない若者『ニート』、10年で1.6倍　就業意欲なく親に〝寄生〟」（『産経新聞』２００４年5月17日付）という記事見出しに象徴されるように、「フリーター」や「ニート」は、しばしば「堕落した若者を象徴する」ものとして使用される用語になった（田中 2009）。

このように、フリーター／ニート批判は、「問題」の原因を社会経済的環境よりも当事者の個人的態度に求めようとするという点で、西洋における「厄介者としての男子」の系列に位置づくとらえ方である。「草食系男子」を批判的にとらえる見方も、「一人前」の指標の一つである「結婚」の構成要素または前提と見なされる性的関係や恋愛に対して積極的でないという男性個人の態度を非難するという点で、この系列に含まれると見てよいだろう。

一方、男性の「不利」や「被害」の側面を強く主張するとともに、場合によってはその原因を女性の「優遇」やフェミニズムに求めて女性をあからさまに敵視するという、西洋における「被害者としての男子」の系列に属するとらえ方も見られる。こうした見方は、「問題」の当事者、すなわち青年期の男性や、彼らの立場を代弁する人々の間で典型的に見られるものである。筆者が大学で担当するジェンダー関連の授業の初回時に受講生たちの関心を尋ねてみると、必ずといってよいほど、決して少なくない数の男子学生から「今は男性の方が不利なのではないか」「女性専用車両やレディース・デイなどは男性差別ではないか」というコメントが寄せられる。

大衆向け出版においても、男性の不利や女性の有利を訴える主張が多く見られるようになってきた。たとえば、門倉貴史は、若い男性を中心に、女性と恋愛をしたり性的関係を結んだり結婚したりする機会に恵まれない「恋愛貧者」や「結婚難民」が増えてきているとして、その主な原因が、男性内の所得格差の増大と、収入の低い男性を恋愛や結婚の対象と見ないという女性側の風潮にあるという見方を示している（門倉 2008）。兵頭新児は、セクシュアル・ハラスメント、ストーキング行為、ドメスティック・バイオレンスの認定における被害者の主観的判断の重視や痴漢の冤罪などを例に挙げて女性優遇の行きすぎを批判し、現在の日本社会を、女性と関わることで男性に「災害」が降りかかる「女災社会」であると主張している（兵頭 2009）。三浦展は、現代は、学校生活から就職活動、恋愛や性的関係に至るまで、女性の方が男性よりも優位に立っている「男性受難の時代」であるとの見解を示し、「弱者」となった男性を保護する「男性保護法」の国会提出を訴えている（三浦 2007）。

このように、近年の日本の若い男性の「問題」をめぐる論争においては、一方では彼ら自身のふがいなさに、他方では女性の側に「問題」の原因が求められる傾向にある。

学齢期の男子の実態

それにしても、なぜ日本では、青年期の男性ばかりに注目が集まり、西洋のように学齢期の男子を問題視する声はあまり聞かれないのだろうか。もし、日本では、西洋とは異なり、学齢期の男女で学業成績や反学校的振る舞いの多さにそれほど違いが見られないのであれば、学齢期の男子に関心が向かわないことにもうなずける。しかし、以下に示すように、西洋において学齢期の男子問題の証拠として主張されているいくつかの傾向が、実は日本でも確認されているのである。

先に述べたように、ドイツで男子を敗者と見なす言説が台頭するようになったきっかけの一つが、２０００年のＰＩＳＡにおいて男子の成績がふるわなかったことであった。実はこれまでに結果が公表されている過去5回のＰＩＳＡの結果を見てみると、日本でも、成績がふるわないのはどちらかといえば男子の方であることがわかる。「科学」の平均点については、第5回（２０１２年）では男子が女子を有意に上回ったものの、それ以外の回では統計的に有意な男女差は見られない。「数学」については、第3回（２００６年）と第5回（２０１２年）では男子が女子を有意に上回ったが、残りの三回では統計的に有意な男女差は見られない。ところが、「読解力」については、他のほとんどの参加国と同様に、過去5回とも女子の平均点が男子のそれを有意に上回る結果となっているのである（国立教育政策研究所 2015）。

日常の学習活動において、女子よりも男子がふるわない傾向を示す事例もある。鍋島祥郎は、「三重県高校生学力生活実態調査」（１９９５年）のデータをもとに、各教科の成績や学習態度を男女別に比較している。それによれば、各学校における国語・英語・数学の三教科と専門教育科目のすべてにおいて、女子の成績評定の平均値が男子のそれを上回っており、とくに英語と国語でその差が際だっている。また、担任の教員が評価した「教科の取り組みへの意欲」を見てみると、保健体育を除くすべての教科において、女子の方が男子よりも意欲的に取り組んでいるという結果が見られる（鍋島 2003：80-82）。

学校生活において女子よりも男子に積極性がない傾向は、深谷昌志らが首都圏の中学生約１５００人を対象に行った質問紙調査の結果からもうかがえる。中学生に自己評価を求めたところ、「その場を仕切るタイプ」（男子26・1％＜女子31・9％）、「意志が強い」（男子46・9％＜女子53・3％）という、積極性をイメージさせると同時にどちらかといえばこれまで男性的と見なされてきた項目においても、女子の方が肯定する割合が高くなっている。また、「友だちをまとめるのがうまい」（男子16・3％＜女子20・7％）、「納得がいかなければ先生にも文句を言う」（男子32・2％＜女子37・0％）においても、それほど大きな差ではないものの、女子の方が肯定する割合が高くなっている。一方、自分の現状に対する満足度という点では、男子の方が高い傾向が見られ、「学力」（男子30・4％＞女子18・8％）、「性格」（男子46・0％＞女子33・2％）、「友だち関係」（男子70・9％＞女子63・3％）のいずれにおいても、男子の方が満足度が高くなっている。これらの結果から、深谷らは「元気な女の子」と「ほどほど志向の男の子」という対照性を確認している（ベネッセ教育総研 2003：深谷 2003）。

学業面以外での、いくつかの反社会的行動や社会的不適応を引き起こす割合も、女子よりも男子で高い傾向が見られる。たとえば、少年鑑別所入所者に占める男子の割合は女子の8倍以上であり、少年院の入院者に占める男子の割合は女子の9倍以上である（法務省法務総合研究所編 2009：25-26）。不登校やひきこもりは圧倒的に男子の方が多い傾向にある（町沢 2008）。さらに、2014年の19歳以下の自殺者に占める男性の割合は69・3%と三分の二以上を占めている（内閣府 2015a：19）。

このように、学齢期の男女の間で、西洋であれば男子の「劣位」と解釈されてもおかしくない傾向がいくつか見られるにもかかわらず、日本では、人々の関心はむしろ青年期男性の問題に向けられており、学齢期の男子を問題視する声は今のところそれほど聞かれない。これにはさまざまな要因が絡んでおり、本章でその全容を明らかにすることは到底できないが、少なくとも次の二つの要因が大きく関係していると考えられる。

成人期における男女格差

一つは、日本では、西洋諸国に比べて、青年期から成人期のさまざまな生活領域において男性優位の情勢がより顕著である点である。たとえば、先に述べたように、多くの西洋諸国では女子の高等教育進学率が男子を上回っているが、日本では必ずしもそうとはいえない。文部科学省の学校基本調査によれば、2014年度の四年制大学への進学率は、女子では47・0%であるのに対して男子では55・9%と男子が女子を約9ポイント上回っている（内閣府 2015b：83）。政治や経済の領域においても、これまで取り上げてきた西洋諸国に比べて、日本の女性の地位の低さがうかがえる。2000年代半ば時点で、国会議員（下院）に占める女性の割合は、ドイツで31・6％、オーストラリアで24・7％、イギリスとアメリカでも10％台の後半であるのに対して、日本では9・4％と1割に達していない。男性の賃金を100とした場合の女性の賃金の水準は、オーストラリア、イギリス、アメリカでは8割を越えており、ドイツでも7割を越えているのに対して、日本では66・8と7割に満たない状況である（内閣府 2007：5）[2]。2012年時点での管理的職業に占める女性の割合は、アメリカでは43・7％と4割を超えており、オーストラリアとイギリスで約35％、ドイツでも28・6％と3割近いのに対して、日本では2014年時点でも11・3％と1割程度にとどまっている（内閣府 2015b：57）。これらの指標を含む経済・教育・政治・保健の各分野における諸データに基づいて世界経済フォーラムが2014年に算出した、男女間の格差を示す「ジェンダー・ギャップ指数」を見ると、右記5カ国のうち最も男女間格差が小さいのは、世界142カ国中12位のドイツであり、アメリカは20位、オーストラリアは24位、イギリスは26位である。それに対して、日本は104位と、格段に男女間格差が大きいことがわかる（内閣府 2015b：48）。

このように、これらの西洋諸国でも、確かに成人期のさまざまな生活領域において男性優位の情勢

2　ここでは、同じ条件で比較をするため、国会議員の女性比と女性の対男性賃金水準については、いずれの国も2000年代半ばの数値を示している。日本について、執筆時点で最新の数値を挙げておくと、2013年7月衆議院選挙で当選した議員に占める女性割合は18・2％、2014年度の女性の対男性賃金水準（短時間労働者を除く）は、72・2となっている（内閣府 2015b：58）。

が見られることに変わりはないが、日本に比べれば男女間の格差はそれほど大きくはない。したがって、女性に対する男性の優位を守りたい人々にとって、学齢期の男子の学業不振や学校不適応は、かろうじて維持されている男性優位の形勢が将来的に逆転してしまう予兆として恐れられても不思議ではない。だからこそ、多くの研究が指摘しているように、女性の地位向上に対する男性側からの反撃（バックラッシュ）が、西洋諸国の男子論争の基調をなしている（Weiner et al. 1997；Martino & Meyenn 2001；Mills et al. 2009）のであろう。

一方日本では、西洋に比べて、成人期のさまざまな生活領域において男性優位の情勢がより顕著に見られる。学齢期に女子が優位であっても、社会に出れば結局男性が優位に立てるのであれば、女性に対する男性の優位を守りたい人々も、学齢期の男子の不振や不適応についてそれほど騒ぎ立てる必要はないだろう。日本でも、確かに１９９０年代の終わり頃から、「伝統的な」男らしさの復権を唱えたりフェミニズムをあからさまに非難したりする主張（林 1996；西尾・八木 2005 など）が目立ってきたが、これまでのところ、そうした反フェミニズム的な主張において学齢期の男子の不振や不適応の問題が言及されることはほとんどない。それだけ日本では、西洋に比べて、少なくとも現時点では男性優位体制は「安泰」であるということなのかもしれない。

雇用労働環境の変化のタイミング

近年の男子論争の焦点が西洋では学齢期に向けられているのに対して日本では青年期に向けられて

いる理由として、もう一つ考えられるのが、西洋と日本では、長期安定雇用から流動性と業績主義を特徴とする不安定な雇用へという雇用労働環境の変化を経験するタイミングが異なっていたという点である。

西洋諸国では、すでに1970年代から製造業の衰退やサービス業の拡大とともに雇用の流動化が始まっており、業績主義的な競争の度合いが高まっていた。多くの若い男性が学校教育修了後に労働市場へとスムーズに移行できないという状況も、日本よりもずっと早くから生じていた。たとえばイギリスでは、若者の就業の不安定化や経済的自立の困難、それにともなう親への依存期間の延長、市民的権利の剥奪や貧困などの問題、さらにはそうした若者たちのためにいかなる社会保障制度を提供するかについて、すでに1980年代から多くの研究や政策的議論が行われていた（Jones & Wallace 1992=1996）。

したがって、イギリスをはじめとする西洋諸国においては、学齢期男子のあり方が問題となり始めた1990年代半ばまでには、青年期男性の自立の困難という問題はもはや常識化しており、それほど目新しい問題ではなかった。そこへ来て、学力試験の結果の公表によって「男子の学業不振」という目新しい事実が明るみに出されたことで、人々は、青年期男性が直面しているさまざまな問題の原因を学齢期に求めつつ、学齢期の男子に関心を向けていったのではないかと考えられる。

一方日本では、少なくとも1990年代初頭までは、男性雇用労働者を一家の稼ぎ手とする長期安定雇用が標準とされる状態が続いてきた。当時の日本ではそれほど製造業に衰退が見られず、バブル期の好況のおかげもあり、多くの男性たちが、欧米ほどに徹底した業績主義的な競争にさらされることなく昇給と昇進を期待することができていた。若い男性たちも、多くの場合、学校教育修了時には安定した職を得て経済的に自立し、自らの家族形成を行うことができていた（本田 2004）。

ところが、1990年代後半になると、日本でも、人々の目に明らかな形で雇用の流動化が加速し、若い男性の雇用状況も悪化してきた。つまり、西洋諸国の人々が、青年期男性の自立の困難という問題に目新しさを感じなくなり、学齢期の男子の問題に注目し始めていた頃に、ようやく日本では、青年期男性の自立の困難が目新しくホットな問題として人々に認識されはじめたのである。

このように、日本では、成人期における男性優位の情勢がより顕著であることと、若年男性の雇用悪化を経験するタイミングが遅かったことが、西洋諸国ほどに学齢期男子の問題に関心が向けられていないことの部分的な理由だと考えられる。もしそうだとすれば、今後日本においても、成人期におけるさまざまな男女間格差が縮小してきたり、若年男性の不安定な雇用情勢が常態化したりすれば、男子論争の焦点は、より若い層である学齢期の男子へとシフトしていかないとも限らない。そうなったときに、男子をめぐる問題に対して冷静に対応するためにも、次節で、青年期男性と学齢期男子を問題化する諸言説の妥当性と限界を確認しておくことにしよう。

4　男子論争にどう向き合うか

青年期男性言説の批判的検討

まずは日本の青年期男性を問題化する言説について検討してみよう。一方で、「厄介者としての男子」系列の見方によれば、彼らが「一人前」になれなくなった原因は、彼ら自身が経済的自立や恋愛・結婚を積極的に志向しなくなったからだとされていた。しかし、正規雇用の割合を減らして非正規雇用の割合が増えてきたこととの背景には、若者たち自身の選択よりも、とりわけ若年層の非正規雇用化によって中高年男性の正規雇用を守りたいという産業界の意向が見え隠れしていたことは、多くの論者が指摘していることである（本田・筒井編 2009）。また、先述の門倉（2008）が指摘するように、確かに男性の場合、女性とは異なり、収入のレベルや正規雇用かどうかが恋愛関係を取り結んだり結婚したりできる確率を大きく左右する。若い男性たちが「一人前の男」になれなくなった原因を個人の心のもちように求めようとする「厄介者としての男子」という見方には、個人の背後にあるこうした社会経済的要因を見えなくさせてしまう難点がある。

他方、「一人前の男」になることに困難を抱えている男性たちの間で典型的に見られる「被害者としての男子」系列の見方では、暗黙にであれあからさまにであれ、女性が、男性の従来の「取り分」を奪った「加害者」に位置づけられていた。確かに、近年の日本では、「一人前」になれない男性が増えている一方で、「男並み」に稼いだり高い地位に就いたりする女性も徐々に増えてきている。しかし、すでに見たように、各種の政治的・経済的な指標を見る限り、日本では依然として圧倒的に男性優位の状態が続いている。男性の雇用労働者に占める非正規雇用の割合は近年確かに高まってはいるが、女性の非正規雇用の割合は以前から男性よりもずっと高かったし、現在でも男性以上のペースで高まっている（第3章参照）。そして、結婚できない男性が増えているということは、その一方で結婚できない女性も増えているということである。妻子を養えない男性が増えているということは、自分で働いても経済的に自立できるほど稼げない女性たちが夫に養ってもらうことさえできなくなっているということである。したがって、男性集団と女性集団を全体として比較した場合、女性に比べて男性の方が不利益を被っているとはいえないし、若い男性たちが「一人前」になりにくくなったのは、女性たちが彼らの「取り分」を取ってしまったからとも言い切れない。

では、彼らが「一人前」になりにくくなったのはなぜなのだろうか。結論から言えば、女性が男性より優位になったからというよりも、男性支配の体制が再編されつつあるからだと考えた方がよいだろう。総体としての男性の女性に対する優位は維持されながら、そうした男性支配体制の恩恵を受けられる立場から排除される男性が増えてきたということである。

海妻径子は、従来の日本の企業社会は、女性を「景気の調整弁」にして男性の正規雇用を守る「男同士の絆」によって支えられてきたが、近年では、「男同士の絆」に加えられる者の範疇が変わってきたのではないかと述べている。すなわち、勤労意欲を表明し業績を上げ続けるという「男らしさ」の競争の勝者のみが「男同士の絆」に加えられて正規雇用を守られ、そうした競争に加わらなかったり敗れたりした者は、正規雇用を与えられるに値しない、「真の男」ではない者へと周縁化されるというのである（海妻 2005）。つまり、新自由主義のもとで再編されつつある今日の企業社会は、再定義された「男らしさ」を達成できる一部の女性を「名誉男性」としてその中心へ引き入れつつも、そうした「男らしさ」を達成できないより多くの人々、すなわち、ほとんどの女性とますます多くの男性を周縁化しながら、依然として「真の男」による「真の男でない者」の支配を維持し続けている、と理解できるのである（多賀 2006：97-119；伊田 2008）。

だとすれば、「被害者としての男子」論者たちの主張とは異なり、「一人前」になれなかった男性は「女に負けた」（三浦 2007）のではない。彼らは、企業社会における「男らしさ」の達成をめぐる男同士の競争に負けたのである。彼らの取り分が減らされたことによって最も恩恵を被っているのは、多くの女性たちではなく、企業社会の中心に位置する他の男性たちである。一定の割合の男性たちを「真の男」から排除し、社会のなかで周縁化させているのは、新自由主義のもとで進行してきた男性支配体制の再編過程なのである。

ところが、こうした現状を目の当たりにして、一方では「厄介者としての男子」言説が、「一人前」になれない男性たちにその責任を負わせることで、彼らの「排除」を正当化する。他方で「被害者としての男子」言説は、そうして排除された男性たちの不満の矛先を、男性支配体制の果実を最も得ている層の男性たちからそらせ、女性へと向かわせている。われわれは、「若い男が悪い」か「女が悪い」

かといった単純な二分法的思考に絡め取られることなく、この再編されつつある男性支配体制のもとで、一部の男性に加えてより多くの女性たちが社会のなかで周縁化されているという状況を見極めながら、いかなる対応がなされるべきかを冷静に考えていく必要がある。

学齢期男子言説の批判的検討

このように、若い男性が「一人前」になりにくくなったことが論争の中心になっている点が、近年の日本における男子論争の特徴であるが、学齢期男子の問題化の予兆と見られるような動きもいくつか見られる。そのなかでとくに顕著なのが「少年非行の凶悪化」という言説の流布である。

確かに、定義上、ここでの「少年」には女子も含まれているが、少年鑑別所への入所者や少年院への入院者の圧倒的多数が男子で占められていることや、とくに女子を表す場合は「少女」と呼ばれることを考えれば、ここで主として想定されているのは男子であるといってよいだろう。1997年に起こった神戸連続児童殺傷事件以降、少年によるいくつかの重大事件がメディアによってセンセーショナルに報道されるなかで「少年非行が凶悪化している」という世論が形成され、それが2000年の少年法改正をともなう少年事件の「厳罰化」の流れを後押ししていった。こうして少年を問題化する一連の流れは、「問題」の原因を彼らの心や生活態度のあり方に求め、教育による矯正か、そうでなければ彼らを排除し処罰することによって「問題」に対処しようとする点で、イギリスで典型的に見られる「厄介者としての男子」の系列に位置づけられるものである。

多くの論者が指摘しているように、長期的なスパンで見れば、少年刑法犯の検挙件数は、1980年代前半をピークとして減少傾向にあるし、凶悪犯の件数も、1950年代後半をピークとして減少傾向にある。また、同種の「事件」を成人が起こした場合に比べて少年が起こしたときの方がより強く非難される傾向にあることも指摘されている（広田 1999；伊藤 2007）。これらの点をふまえるならば、「少年非行の凶悪化」言説や「非行少年の厳罰化」という流れは、人々の社会不安をそうした少年たちに投影し、彼らをスケープゴートとして排除し処罰することでその不安を解消しようとする社会的浄化作用の側面をもっているといえるだろう（本田他 2006）。

若年男性の雇用が安定していた時代には、男子の多くは、在学中に少々素行が悪くても、学校を卒業した後には職場という「居場所」を見つけて社会に包摂され、非行からも「卒業」することができていた（佐藤 1984）。そうした時代には、男子の粗暴な振る舞いも、「男の子は仕方がない」としてある程度温かい目で見守られてきたかもしれない。しかし日本でも、今後若年男性の不安定な雇用状況が続き、学校で「居場所」を見つけられない男子の多くが卒業後も「居場所」を見つけられない状況がより顕著になっていけば、少年非行厳罰化の流れや業績主義の激化を背景として、イギリスのように、反学校的な振る舞いをする男子たちを「厄介者」と見なして排除する風潮がさらに強まってくるかもしれない。われわれは、そうした男子の「問題」の原因を個人に求めて彼らを一方的に排除しようとするのではなく、むしろ、これまで述べてきたような、彼らを問題視するわれわれ自身が置かれている社会経済的文脈にもっと敏感になっておく必要があるだろう。

一方、「被害者としての男子」という見方にも落とし穴はある。この見方は、確かに、「問題」の原因を男子個人に帰するのではなく彼らが置かれている社会経済的環境に求めることで、彼らを社会へと包摂する方途を探ることを可能にしてくれる。しかし同時に、「被害者としての男子」という見方は、暗黙のうちに「加害者」としての女子を想定させてしまう。この枠組みのもとでは、「男子が不利」であれば「女子が有利」であると見なされ、男子の支援が必要であれば女子の支援は必要ないかのように見なされがちである。

だが、「男子の不利」という枠組みを通して教育を見ることで女子の重要な問題が見過ごされてしまったり、男子に焦点を当てた援助の取り組み自体が女子に否定的な影響を与えたりする可能性も否定できない。たとえば、男子が女子よりも学校生活を楽しんでいない傾向が明らかだとしても、それは必ずしも女子が学校生活を十分に楽しんでいることを保証しない。仮に試験の成績や授業への適応において男子の方がより困難を抱えているとしても、そうした指標では測れない他の問題、たとえば男子からの暴力やセクシュアル・ハラスメントによって、深刻な問題を抱えている女子がいるといったことがあるかもしれない。また、オーストラリアのように、男子の支援が公的に宣言されたり、「男子に友好的な」カリキュラムが導入されたりすることは、その内容がいかなるものであれ、女子に対して、社会や学校は女子に期待していないというメッセージとして機能するかもしれない（Mills et al. 2009）。

さらに、男子を「厄介者」と見なすにせよ「被害者」と見なすにせよ、男子の問題を見る際に重要なのは、男子内の多様性に目配りをすることである。問われるべきは、「男子は問題なのかどうか」ではなく、「問題なのはどの男子か」（Weaver-Hightower 2009；Mills et al. 2009）であろう。これまでに述べてきた男子の「問題」の根拠として挙げられる「証拠」のほとんどは、どれも男女の間の「平均的な差」を示しているに過ぎない。男子にもさまざまな男子がおり、女子にもさまざまな女子がいる。学業不振にあえいだり、学校生活への適応が難しかったりする児童・生徒は、出身家庭が経済的問題を抱えていたり、出身家庭の文化が学校文化と適合的でなかったりする場合が多い（部落解放・人権研究所 2005）。したがって、平均的には男子の方が学習や学校生活への適応において困難を抱えていたとしても、それを補償する教育をすべての男子に対して一様に行えば、学業達成や職業達成において有利な条件の下にいる層の男子にも多くの恩恵が与えられる一方で、多くの援助を必要としている層の女子は支援の対象から排除されてしまう危険性がある。

また、男子を十把一絡げにとらえて援助するという取り組みにおいては、男子内部で生じているジェンダーに関わる差別や排除が見逃されてしまう恐れもある。「男子の不利」という枠組みでは、ホモフォビア（同性愛嫌悪）の文化が支配的な学校環境において、自らの性的指向に関してあからさまな差別を受けたり、自らの性的指向をひた隠しにしながら差別的な発言に耐えたりしている性的少数者たちの抱える問題は見えてこない（伊藤 1996）。男子のための補償教育と称して、男子が好むとされるより活動的な学習スタイルが導入されることで、「おとなしくて自己主張の苦手な男子」（土田 2008）がかえって周縁化される可能性もあるだろう。

5　ジェンダーの視点からのアプローチ

これまで見てきたように、男性であるか女性であるかが個人の人生におけるさまざまなチャンスを大きく左右したり、社会的に定義されている「男らしさ」や「女らしさ」が個人の選択を大きく規制したりするという意味で、現代社会における差別や排除は、ジェンダーによって構造化されている。したがって、差別や排除の問題をジェンダーの視点でとらえることは重要である。女子の問題だけでなく、男子の問題にも着目し、それについて議論したり、そこから何らかの新たな取り組みを始めたりすること自体は、十分に意義のあることである。

しかしそのことは、男女の違いを絶対的なものとして本質化したり、男性と女性をそれぞれに同質的な集団だと見なしたりするということではないし、「排除されているのは男子か女子か」「援助すべきは男子か女子か」といった「ゼロサムゲーム」として問題をとらえることでもない。ジェンダーに関わる差別や排除の問題に対処していく際に、その前提としてまずわれわれに求められているのは、一方で、支配的な「男らしさ」「女らしさ」の定義が個人の生活上のチャンスを左右する側面に着目しつつも、他方で、同性内での多様性や不平等にも目を配りながら、より排除されがちなのはどのような層の人々なのか、最も援助を必要としているのは誰なのかを冷静に見極めていくことであろう。

第2章

男性支配のパラドックス
――男の生きづらさ再考――

近年日本では、「男の生きづらさ」が盛んに語られるようになった。「幸せだ」と観じている人の割合も、少なくとも過去10年間ずっと女性よりも男性で低くなっている。しかし、国際的に見れば、日本は最も政治や経済の面で女性に対して男性が優位に立っている国の一つである。それなのになぜ、男性たちはそれほどまでに「生きづらさ」を感じるのだろうか。男性性の社会理論を手掛かりに、この矛盾の正体に迫る。

1　男はつらい？

近年、男性の「生きづらさ」が盛んに語られている。各種メディアにおいてもしばしば特集が組まれ、さまざまな男のつらさが、男性たちの生々しい声とともに紹介されている。[1]「大黒柱」として一家を支えるために働き続けるつらさ、それに加えて家事や育児も求められるつらさ、学歴や職業や収入などの画一的な基準で評価され、他の男性と常に比較されるつらさ、仕事に就いて結婚して家族を養うといった「一人前」の男としての期待に応えられないつらさ、そして、そうした悩みを誰にも打ち明けられないつらさなど、さまざまな「つらさ」が語られている。

こうした男性たちのつらさを反映してか、男性たちの主観的な幸福度は、女性たちのそれに比べて低い。全国調査の結果では、「現在幸せである」と回答した人の割合は、２０００年から２０１０年までの８調査時点すべてにおいて、女性よりも男性で低くなっている（内閣府 2014：37-38）。

しかし、社会全体のマクロな構造的視点から見た場合、現代の日本社会は女性に比べて男性が優位な社会であることは明らかである。世界経済フォーラムが、経済・教育・保健・政治の四分野におけ

1　２０１４年７月31日ＮＨＫ総合テレビ「クローズアップ現代」「男はつらいよ２０１４―１０００人心の声」、『ＡＥＲＡ』２０１４年９月１日号「特集 男がつらい」、田中（2015）など。

る複数の男女平等指標をもとに算出しているジェンダーギャップ指数（GGI）で見ると、日本は、2015年に指標が測定可能な145カ国中101位である（WEF 2015）。

経済分野を例にとって日本社会の男性優位の状況を具体的に見てみよう。厚生労働省の「賃金構造基本統計調査」によると、2013年時点での民間企業の管理職に占める男性比率は、係長級で83・8％、課長級で90・8％、部長級で94・0％である（内閣府 2015b：57）。すなわち、係長級の5人に4人以上、課長級の10人中9人以上、部長級の20人中19人以上が男性で占められている。こうした職位における男女間のいちじるしい不均衡は、労働時間あたりの給与額の違いにも反映されている。2013年の常用雇用者（短時間勤務を除く）の所定内給与額は、男性を100とした場合に女性では74・8であり、男性は女性と同じ時間働いて女性の平均1・34倍の額の給与を得ている。さらに、2014年時点で、女性雇用労働者では、いわゆる「正規雇用」が43・3％と半数を下回っており、パート・アルバイトなどの短時間労働者が44・3％とこちらの方が多くなっているが、男性雇用労働者では、短時間労働者は10・5％であり、「正規雇用」が78・2％を占めている（内閣府 2015b：58）。

これらは、われわれの社会において、より高次の意思決定に関与したり、より多くの社会的尊敬を受けたり、より多くの経済的利益を得たりする機会が、女性に比べて圧倒的に男性に開かれていることのほんの一例である。

では、われわれの社会があくまで男性優位の社会であるとすれば、なぜこれほどまでに男性の生きづらさが語られるのだろうか。本章では、この一見矛盾する「男性優位のもとでの男性の生きづらさ」

という現象が生じる社会的なカラクリについて検討する。結論からいえば、男性の生きづらさとして語られる事柄の多くは、決して男性が女性よりも弱者になってしまったり、われわれの社会が女性優位になってしまったことによってもたらされたものではなく、むしろ、無理をして男性優位の体制を維持しようとすることの副作用として理解できるものである。

以下、本章の前半では、この一見矛盾する現象を読み解くための有効なツールとなりうる男性性の社会理論の概要を示す。後半では、その理論をふまえて、現代の日本における男性の生きづらさを三つの側面から整理してとらえ、より多くの男性の〈生きづらさ〉を解消するために向かうべきは、決して女性の地位を貶めて男性が優位に立とうとする方向ではなく、男女平等を目指す方向であることを示す。

2　男性による女性の支配

被支配者の自発的従属

われわれの社会では、実体的利益をより多く得られる立場や権威ある地位の大部分を男性が占めていたり、そうした利益や権威を得る機会が女性に比べて圧倒的に男性に多く開かれていたりする。このように、男性が女性に対して圧倒的に優位な立場にある社会状況を、ここでは「男性支配」という概念でとらえることにしたい。

「支配」という語の社会学的な用法になじみのない読者には、ここで「支配」という用語を用いるのは大げさに聞こえるかもしれない。日常的な感覚で「支配」と聞けば、暴力や脅しによって支配者が被支配者を強制的に服従させるような状況をイメージするかもしれない。しかし、社会学で「支配」という概念を用いる場合、それは必ずしもそうしたむき出しの暴力による統治だけを指すわけではない。「支配」には、被支配者がその支配体制を正当なものとみなし、自発的にそうした支配体制に従うような側面もありうる。むしろ、支配の安定性という観点から見れば、むき出しの暴力を用いなければ被支配者が服従しないというのは支配が不安定な証拠であり、被支配者の方から自発的に支配者に従ってくれるような状態の方がより完全な支配であるといえる（Weber 1922=1960-62；グラムシ 1981；伊藤 2011）。

つまり、男性支配の社会であるからといって、常に男性が暴力や脅しによって女性を力ずくで服従させている（ドメスティック・バイオレンスはその典型例である）とは限らない。むしろ、女性たちが、男性が女性よりも利益や権威を得られる社会のあり方を正当なものと見なし、自発的にそうした体制に従っている社会状況を「男性支配」という概念で把握することは、社会学的な「支配」の用法として、十分理にかなっている。

競合状態としての支配

もう一点、ここでの「支配」の意味を理解するうえで重要なのが、「支配」とは必ずしも被支配者側に対する支配者側の全面的な優越や統制を意味するわけではないという点である。女性に比べて男性の方が圧倒的に利益と権威にアクセスしやすい社会体制のもとであっても、一部の女性たちが非常に多くの利益を得たり高い権威のある地位に就いたりすることはありうるし、平均的な女性に比べて利益や権威を得られない男性がいる場合もある。

また、支配者の側は、被支配者の側から、その支配の正当性に対して異議を申し立てられたり、その支配体制に抵抗されたりする可能性がありうる。日本では、憲法において国民は性別などの生まれながらの属性に基づいて差別されないことが謳われているように、少なくとも建前としては男女平等の価値が共有されている。そうした社会にありながら男性支配体制を維持していれば、常に女性側からの抵抗が起こる可能性がある。それでも男性による支配を持続させようとするならば、男性たちは、その支配を正当化し続けるためのさまざまな戦略を駆使することを余儀なくされる。

支配をこのようにとらえると、男性支配社会における男性の置かれた状況をより深く理解するには、利益や権威が男性に多く配分されているといった側面のみならず、それらを獲得し保持するために男性たちがとる戦略や振る舞い、さらには、同性内の多様性や男女の勢力関係のねじれといった側面にも目を向ける必要がある。こうした観点から、男性支配体制の多様な側面と、その正当化戦略を論じているのが、R・コンネルによる男性性の社会理論である。

3　男性性の社会理論

男性性の複数性

コンネルによる男性性の社会理論を理解するためには、まず「男性性」の意味を理解しておく必要があるだろう。この「男性性」とは、英語の masculinity の訳語であり、あえて言い換えるならば「男としてのあり方」というような意味である。

英語の masculinity は、日常的に「男らしい」といった意味で用いられる形容詞 masculine の名詞形であり、文脈によっては「男らしさ」と訳して差し支えない場合もある。しかし、男性性の社会学（sociology of masculinity）と呼ばれる研究領域では、masculinity を分析概念として、すなわち、良い悪いといった価値判断を含めず、価値中立的に、文脈に応じてさまざまな具体的内容を指して用いるため、masculinity を「男らしさ」と訳してしまうと不自然であるような用法も見られる。以下で詳しく述べるように、たとえば「従属的男性性」（subordinated masculinity）という用法では、むしろ社会的に「男らしくない」と見なされている男性のあり方を示す際に masculinity が用いられる。

日本語で何らかの性質を「男らしさ」と表現する場合、それがどのような性質であっても、通常そこには、「男にとってふさわしい」という意味での肯定的なニュアンスがつきまとう。したがって、masculinity を分析概念として用いる場合は、「男らしさ」と訳すのではなく、より価値中立的に「男性性」と訳す方がよい。

このように、ある社会や組織における男性のあり方は決して常に単一であるわけではなく、むしろ複数の類型としてとらえられるべきであるような場合が多い。このため、もともと英語の masculinity は不可算名詞であったが、男性性の社会学においては、そうした側面を意識して、男性性を masculinities と複数形で表記するのが通例となっている。

ヘゲモニックな男性性

多くの社会や組織においては、そうした複数の男性性のなかでも、とくに権威や利益と結び付き優位な地位をもつ特定のパターンが観察されることが多い。そうした男性のあり方を、コンネルは「ヘゲモニックな男性性」（hegemonic masculinity）と呼び、これを、男性性の社会理論の中心に据えている。[2]

コンネルは、こうした最も優位な男性のあり方を表すのにA・グラムシに由来する「ヘゲモニー」（グラムシ 1981）の派生語である hegemonic を用いているが、そこには次のような意図が込められている。

第一に、それは、単なる「理想的な男らしさ」や「支配的な男らしさ」を指すだけの概念ではなく、

2　コンネルによる男性性の社会理論については、Connell & Messerschmidt（2005）、田中（2009）、多賀（2010）、Messerschmidt（2012）、川口（2014）も参照のこと。

男性支配の正当化と再生産の過程についての批判的分析を意図した概念である。コンネルは、ヘゲモニックな男性性を「家父長制の正当化問題に対して目下のところ受け入れられる答えを具現化し、女性に対する男性の支配を保証する(と考えられる)ジェンダー実践の形態」(Connell 1995 : 77)と定義している。つまり、複数の男としてのあり方のなかで、それが最も理想的であり支配的であることを通して、総体としての男性による女性の支配という体制が維持され正当化されている側面をとらえることを意図した概念なのである。

第二に、「ヘゲモニックな男性性」は、単なる文化的な男の理想でもなく、また単に制度的権力を握るだけの男性のあり方でもない、その両方の側面を含み込んだ概念である。コンネルは、ヘゲモニーを「文化的理想と制度的権力(個人の権力でなくとも集合的な権力)がいくらか調和している場合にのみ打ち立てられる傾向にある」(ibid : 77)ものと見なしている。これをふまえるならば、一方で、ある社会(組織・集団)において男性支配体制がある程度安定して持続するためには、単に男性集団に制度的権力が偏って配分されているだけでなく、社会のメンバーがそうした状態をある程度承認し文化的に支持しておく必要があるし、他方で、男性支配が文化的に承認されつづけるためには、その下支えとなる制度的権力が男性に偏って配分されておく必要があると理解できる。

このヘゲモニックな男性性の概念は、抽象的な分析概念であり、これに相当する具体的な男性のあり方がどのようなものであるのかについては、個々の社会的文脈に沿って個別に判断されるべきである。社会的状況によっては、この概念にぴったりと当てはまるような唯一の具体的な男性のあり方が見出しにくい場合もあるかもしれない。

日本社会についていえば、少なくとも1970年代から80年代にかけての企業社会において、「サラリーマン」的なライフスタイル（たとえば、大企業ホワイトカラー、終身雇用、年功序列、長時間労働、一家の稼ぎ手、家庭責任の回避など）をおくる男性が、制度的かつ文化的な男性の標準として位置づけられながら、男性支配体制が維持されてきたと考えられる。「ヘゲモニックな男性性」およびその関連概念を用いて日本の男性性を分析してきた国内外の研究の多くは、「サラリーマン」を戦後日本社会のヘゲモニックな男性性と位置づけてきた（Roberson & Suzuki 2003：Hidaka 2010：多賀編 2011：Dasgupta 2013）。ただし、後に述べるように、ヘゲモニックな男性性の内容は決して不変ではなく時代とともに変化しうる。

女性による正当化

「ヘゲモニックな男性性」は、女性性（女としてのあり方）および他の男性性との関係で定義される。まず、女性性との関係から見てみよう。男性支配の正当化戦略が奏功している社会では、理想的な「男らしさ／女らしさ」の二項対立は、優位／劣位、支配／服従、主役／補佐役といった二項対立に対応して定義される。したがって、そこでの理想的な「女らしさ」は、女性にとって望ましいものとして定義されていたとしても、それが社会的な権威や権力と結びつくことはないため、定義上「ヘゲモニックな女性性」というものは考えられない。むしろ、男性支配体制のもとで理想的な「女らしさ」を志向する女性たちは、権威的で支配的な男性のあり方を称賛し、自ら進んで従属的な位置へと向かい、依存的に、あるいは補佐役として振る舞おうとさえする。コンネルはこうした女性のあり方を「誇張された女性性」(emphasized femininity) と呼んでいる (Connell 1987=1993 : 265-272)。

これまでの日本で、男性たちが会社人間として仕事に没頭でき、職場組織と社会において高い地位を独占できたのは、職場では女性を周辺化し、家庭では職場から排除された女性＝主婦に家庭責任を負わせることができたからであった。この時代に、こうした社会制度に対して、それを崩壊させてしまうほどには女性たちの不満が高まらず、むしろ少なからぬ割合の女性たちが、会社人間の夫に扶養されるべく、自ら進んで、あるいは少なくとも半ば納得して主婦になっていったという事実は、サラリーマン・モデルを通した男性支配の正当化戦略が奏功していたことの証である。この文脈においては、専業主婦は「誇張された女性性」の典型例の一つといえるだろう。

他の男性性との関係

他方で、ヘゲモニックな男性性のヘゲモニー (覇権) は、その他のパターンの男性性に対する優越を通しても達成される。複数の男性性のなかでも、ヘゲモニックな男性性に対して劣位に位置づけられる男性のあり方を、コンネルは「従属的男性性」(subordinated masculinity) と呼んでいる (Connell 1995 : 78-79)。

上に述べたように、すべての男性たちが、男性による女性の支配の正当化に寄与するようなヘゲモニックな男性性を体現できるわけではない。そして、そうした男性性を体現できない男性たちは、しばしば、軽蔑されたり差別的な扱いを受けたりする。それはなぜなのか。男性支配の正当化という文脈で理解するならば、彼らの存在が男性支配の正当性を脅かすからである。女性に優越し、女性たちが進んで従おうとするような男のあり方を体現できない男性が実際に存在するということは、男性支配の正当化にとって「不都合な真実」である。そこで、そうした男性たちを「男」の周辺的な存在として位置づけたり、「真の男」の範疇から排除したりすることによって、辛うじて、「男は女の支配者としてふさわしい存在なのだ」と社会のメンバーを説得することができるというわけだ。

コンネルは、従属的男性性の典型例として、同性愛男性や軟弱な男性のあり方を挙げている。この概念を経済的な文脈に引きつけて理解するならば、日本のように、家族の扶養責任を果たすことを理想的な男性のあり方を見なす風潮の強い社会では、そうした収入が得られない男性のあり方を従属的男性性の一類型として理解することも可能だろう。

男性支配への加担

従属的男性性を貶め、それとの比較によりヘゲモニックな男性性を支持し称賛するといった実践を行うのは、ヘゲモニックな男性性を完全に体現している男性だけであるとは限らない。

男性支配の正当化が相応に成功している条件下では、ヘゲモニックな男性性は一定程度男性の理想とみなされることから、それを体現できない男性たちであっても、そうした男性性を否定的に見るどころか、むしろそれにあこがれる場合も少なくない。また、たとえヘゲモニックな男性性を体現できていなくても、それを体現するよう努力し続けていたり、それを体現するための競争に参加し続けることで、従属的な立場に位置づけられることを辛うじて免れる場合もある。そうした実践は、結果的にヘゲモニックな男性性のヘゲモニーを支える行為となる。

このように、自らはヘゲモニックなパターンを体現できないにもかかわらず、それを支持し称賛することで男性支配体制の維持と正当化に荷担するという実践を多くの男性たちがとっている。こうした実践を通して、結果的に彼らは「家父長制の配当」(patriarchal dividend)、すなわち、集団としての女性の従属から集団としての男性が得る利益や威信の「分け前」を得ている。こうした実践をコンネルは「共犯性」(complicity) と呼んでいる (Connell 1995 : 79-80)。女性であっても、ヘゲモニックな男性性を支持・称賛し、そうした男性との私的なつながりを通してこの「分け前」を得るチャンスがありうるとすれば、女性もまたこの「共犯」に荷担しうると考えてよいだろう。

このように、フェミニストが「家父長制」と呼んできた男性支配の社会構造は、少なくとも現代の先進産業社会においては、すべての男性がすべての女性を同じように支配するという単純な構造というよりも、「ある男性たちが他の男性たちとほとんどの女性たちを支配するシステム」(Burris 1996 : 64) ととらえる方が理にかなっている。そこでは、女性の従属を正当化しうる特定の男性のあり方が、他のタイプの男性のあり方を貶めながら自らを「真の男らしさ」として理想化することを通して、全体としての男性による女性の支配を正当化するというメカニズムが働いている。

ヘゲモニックな男性性の変化

しかし、そうした男性支配の社会構造は永続的なものとは限らない。コンネルは、「「ヘゲモニックな男性性」は、いつでもどこでも不変であるような固定的特性ではない。それはむしろ、所与のジェンダー関係のパターンにおいて覇権的な位置を占める男性性であり、常に競合の対象となる位置である」(ibid : 76) と述べている。そこでは、ジェンダー秩序の可変性と歴史性が意図されている。

社会の成員が(女性ではなく)男性こそ支配者にふさわしいと考えていたり、社会の成員が理想とみなす男性像が制度的権力の保持と結びついている限りにおいて男性支配はより安定する。しかし逆に、社会のメンバーが、男性に偏って制度的権力が配分されることを疑問視したり、制度的権力を男女間で平等に共有するような男性像を男性の理想とみなすようになれば、男性支配の正当性は揺らぐことになる。フェミニズムは、まさにこうした男性支配の正当性への異議申し立ての営みである。

また、従属的な立場に位置づけられた男性たちから、ヘゲモニックな男性性の定義に対する抵抗運動が生じることもある。異性愛至上主義に異議を申し立てる同性愛者解放運動 (gay liberation) や、ヘゲモニックな男性性の狭い定義からの男性の解放を目指す男性解放運動 (men's liberation) などがその例である。

ただし、そうした抵抗運動が実り、ヘゲモニックな男性性の定義が変化すれば必然的に男性支配体制が崩壊し男女平等の秩序が形成されるとは限らない。新たに定義された理想的な男性のあり方もまた、男性による女性支配を正当化するような性質のものであるならば、ヘゲモニックな男性性の具体的な意味内容が変化しただけで、依然として男性支配のヘゲモニーは維持されることになる。

4　男性支配のもとでの男性の生きづらさ

前節での男性支配体制の再生産と正当化に関する理論的考察をふまえると、現代の日本社会における男性の生きづらさを、少なくとも次の三つの側面からとらえることができる。「支配のコスト」「男としての剥奪感」「役割期待の増大」である。

支配のコスト

社会学者のM・メスナーは、男性のあり方の多様な側面を提示するなかで、「集団としての男性たちは、集団としての女性たちの犠牲によって制度的特権を享受している」(Messner 1997 : 3-5) が、同時に「男性たちは、彼らに地位と特権をもたらすことを約束する男らしさの狭い定義に合致するために―浅い人間関係、不健康、短命という形で―多大なコストを払いがちである」として、後者の側面を「男らしさのコスト」(the cost of masculinity) と呼んでいる (ibid : 5-6)。男性たちの「生きづらさ」の少なくともある部分は、集団としての男性による女性に対する優越を達成し維持するための物理的・精神的負担、あるいはそうした負担の結果として男性に生じているさまざまな弊害として理解することができる。

たとえば、確かに男性たちは雇用や収入の点で女性たちに比べて有利な状況に置かれているが、その一方で、女性たちから職業的責任と家族の扶養責任を期待されている。国立社会保障・人口問題研究所が２０１３年に実施した第５回全国家庭動向調査によれば、有配偶女性の67・０％が「夫は、会社の仕事と家庭の用事が重なった時は、会社の仕事を優先すべきだ」という考えに賛成（「まったく賛成」13・３％、「どちらかといえば賛成」53・９％）と答えている。

男性たちの多くも、家族の扶養責任を内面化している。目黒依子らが２００４年に東京都区部在住の25〜49歳の男性を対象に実施した質問紙調査によれば、「自立」において「家族を養うことができる」ことがどの程度重要かを尋ねたところ、女性の自立において「とても重要」との回答は15・０％であったのに対して、男性の自立において「とても重要」との回答が71・６％と７割以上を占めていた（江原 2012）。

こうした風潮に呼応して、収入を得る労働に従事している人の割合は、女性よりも男性で多い。２０１３年の労働力人口は、女性約２８０４万人に対して男性約３７７３万人で、男女比は43：57である。さらに、男性労働者は女性労働者よりも平均して長く働いている。厚生労働省の「毎月勤労統計調査」によれば、パートタイム労働者を含む２０１４年の年間総実労働時間は、女性で平均１４２１時間であるのに対して、男性では平均１８１０時間と、女性の約１・27倍となっている（内閣府 2015b：60）。極端に長時間働く人々の割合も、やはり女性に比べて男性で多い傾向が続いている。総務省の労働力調査によれば、雇用労働者のうち週労働時間が60時間以上の者の割合は、1990年には女性5・0％に対して男性22・2％、2000年で女性3・9％に対して男性17・4％、2010年でも女性3・2％に対して男性14・0％である。長期的には、長時間働く人の割合は減少傾向にあるものの、依然として女性に比べて男性で多くなっている（内閣府 2013）。

こうした労働環境の違いは、単なる生きづらさのレベルを超え、心身の健康面においても、男性に対してより否定的な結果をもたらしている。公表されているデータがやや古いが、少なくとも1998年度から2002年度までのすべての年度において、「過労死」等として認定された事案の90〜97％は男性であった（厚生労働省 2003）。警察庁の統計によれば、山一證券の廃業や北海道拓殖銀行の破綻といった経済の混乱を受けて企業の人員削減が大々的に実施された1998年から2010年までの13年間、自殺者に占める男性の割合はずっと7割を超えており、2011年以降も68〜69％台となっている。

ここで注意しておかねばならないのは、男性たちがこうした「生きづらさ」に直面しているのは、決して女性支配の社会になってしまったからではないということである。長時間労働やそれが引き起こす最悪の結果としての過労死・過労自殺が男性に圧倒的に偏っているという事実は、労働市場における雇用・昇進機会とそこから得られる所得もまた男性に圧倒的に偏って配分されているという事実と表裏一体である。男性が、女性よりも「弱みを見せられない」「競争に勝たねばならない」というプレッシャーに曝されやすいのは、男性支配を正当化し続けるために「支配者」らしく振る舞い続けることが求められているからであり、その見返りとして、少なくとも集団レベルで、男性は女性よりも多くの利益や権威を得られるからである。

つまり、これらの「生きづらさ」は、男性支配体制を維持し、そこから利益や権威を得るために、男性に負担が求められている「支配のコスト」なのである。とくに、女性にもさまざまな機会が開かれ、少しずつ男女の格差が縮小しているなかで、それでも男性支配を維持しようとすれば、集団レベルで見る限り、そうした支配のコストはさらに増大していると考えられる。

単純な論理で考えれば、これらの「生きづらさ」から解放されたければ、ヘゲモニックな男性性の達成を目指さなければよい。しかし現実には、男性たちにそうさせまいとするさまざまな社会的な力が働いている。

一つは、コンネルが「家父長制の配当」と呼ぶ、男性支配体制のもとで男性であるがゆえに得られる利益や権威の魅力である。それらを手に入れることができたり、それらを手放さなくてすむのなら、右に述べたコストを払い続けることを厭わない男性は少なくないだろう。男性支配が奏功している社会では、社会的な成功やそれにともなう利益と権威は、理想的な女性性ではなく理想的な男性性と強固に結びつけられている。そうした条件下では、男性としての評価や自己肯定感は、どれだけ高い地位に就いたり多くの収入を得たりするかよって大きく左右される。「男として」評価され高い自己肯定感を保ちたいと思う男性であれば、不釣り合いなコストを払ってでもより多くの利益や権威を求めようとすることもあるだろう。

また、そこまでして多くの利益や高い権威を求めようとしない男性たちに対しても、それらをめぐる競争から「降りさせない」ための男性同士の相互監視（上野他 1991：138）のメカニズムが働いている。ヘゲモニックな男性性を体現できなくても、その達成を目指す競争に参加し続けていること、そうした努力をし続けていること、あるいは少なくともヘゲモニックな男性のあり方を支持していることが免罪符となって、男性集団のなかで周辺化されたりそこから排除されたりすることを辛うじて免れる場合もありうる。しかし、ヘゲモニックな男性性の達成を目指す競争に参加しなかったり、その価値を認めないような男性は、しばしば「男から降りた」者、「男ではない」者といったレッテルを貼られて貶められる。つまり、ヘゲモニックな男性性を達成するためのコストを払うことを止めたとしても、結局男性たちは、そうしたコストを払い続けるのとは別種の「生きづらさ」に直面することになる。こうした状況を避けるために、半ば不本意ながら、ヘゲモニックな男性性を達成するためのコストを払い続けている男性も少なくないだろう。

男としての剥奪感

女性に比べて男性に利益や権威が集中しているというのは、あくまで集団としての女性と男性を比較したときに言えることである。集団としての男性が得ている特権は、個々の男性たちの間で対等に共有されているとは限らず、むしろ多くの場合不平等に配分されている。メスナーはこうした側面を「男性内の差異と不平等」（differences and inequalities among men）と呼んでいる。

ヘゲモニックな男性性を称賛し、その達成を目指す競争から離脱しないことが、男性集団のなかで周辺化されたり排除されたりする危険性を低めるとはいえ、ヘゲモニックな男性性の定義からかけ離れた男性、たとえば現代の日本でいえば家族を経済的に養う収入の獲得やそれが可能な程度の社会的成功を達成できない男性は、ある種の剥奪感[3]を味わいがちである。これが、少なからぬ男性たちが経験している「生きづらさ」の二つめの側面である。

ここで重要なのは、より多くの利益や権威を手にできるチャンスは、全くの偶然によって左右されるというよりも、個人の努力ではコントロールすることのできない、社会的属性やその他の社会的条件によって大きく規定されているということである。たとえばアメリカ社会では、ヘゲモニックな男性性の定義において、白人であること、異性愛者であること、社会経済的階層が中流以上であることが大きなウェイトを占めているといわれており、有色人種の男性、同性愛者の男性、社会経済的下位層の男性は、そうした特徴を備えているだけで男性のなかでも周辺化されたり従属的な立場に位置づけられたりしやすい（Messner 1997 : 6-8）。人種や性的指向は本人の意思や努力では決して変更できないし、成人後の社会経済的地位が出身家庭のそれにかなり影響を受けやすいことは、欧米のみならず日本でも実証されている（苅谷 2001）。

3　ここでの「剥奪感」という表現は、第87回日本社会学会大会シンポジウム「変容する企業中心社会の男性学的解剖」（神戸大学　２０１４年11月23日）において、筆者とともに登壇した伊藤公雄氏が男性の生きづらさを「剥奪感の男性化」（masculinization of deprivation）と表現したことにヒントを得ている。

また、世代も、男性内での利益や権威へのアクセス機会を大きく左右しうる要因の一つであり、これもまた、個人ではコントロールできない要因である。たとえば、どの程度の給与を得られるかは、世代によっても大きく異なりうる。国税庁の「民間給与実態統計調査」によれば、1年以上の勤続給与所得者男性の平均給与は、男女別の集計が始まった1978年には308万円だったが、5年後の1983年には399万円、その6年後の1989年には493万円と、約100万円ずつ上昇し、1997年には過去最高の577万円を記録した。給与の伸びに合わせて物価も上昇しているとはいえ、家族を養うための収入をより多く得ることが男性に期待される重要な役割の一つであったとすれば、この時代の給与所得者の男性たちは、少なくとも経済的な側面において、期待される役割にますます応えることで男としての自尊感情を高められる条件のもとに置かれていた。しかし、1990年代末から男性の給与水準は低下し始め、2009年にはついに499万9千円と500万円を割り、その後やや持ち直したものの、2013年でも510万円程度と1980年代後半の水準に留まっている。

こうした男性の全体的な給与額の伸びの鈍化に対応して、男性の賃金カーブの上昇角度も鈍化している。連合の調査によれば、1997年から2012年の15年間で、高卒男性の賃金は30歳代から50歳代までのすべての年齢において、賃金高水準層、中間層、低水準層のいずれにおいても月収で数千円から数万円減少している。大卒男性については、賃金高水準層ではこの15年間であまり変化は見られないものの、中間層と低水準層では、やはり30歳代から50歳代にかけて一貫して賃金の低下が見られる（連合2013）。現代の男性たちが、かつていちじるしい給与額の伸びを経験した上の世代の男性たちと自分たちを比較したとき、ある種の剥奪感に襲われることは十分に考えられる。

一方、女性の給与については、1993年に270万円を超えて以来、1998年と2000年には過去最高の280万円を記録し、最低でも2012年の268万円でほぼ横ばいである。絶対的な金額で見れば、明らかに男性の所得の方が多いが、依然として男性に家族の扶養責任が求められる風潮のもと、男性の給与額が低下しながら男女間の給与額の格差が徐々に縮小している。こうしたなかで、男性に期待される役割を果たせていないという挫折感、あるいはそうした役割を今後果たせないのではないかとの不安感にさいなまれる男性も少なくないだろう。

確かに、男性たちが経験するこうした剥奪感自体が、男性の特権意識と表裏一体のものであり、ある種の女性蔑視に基づくものであるともいえよう。男女平等の価値に則る限り、これまで、そして現在も、女性よりも男性により多くの社会経済的な利益や権威が配分されてきたこと自体が問題なのであり、男性ならこれだけの利益や権威が得られて当然だといった特権意識こそが問い直されねばならない。

しかし、個々の男性たちは、社会的真空のなかでそうした特権意識を勝手に作り上げているわけではない。右に述べたように、彼らの意識は、そうした「特権」の獲得を目指す競争から「降りさせない」ための男同士の相互監視にさらされるなかで形成されている。

さらに、男性たちをヘゲモニックな男性性の達成へと駆り立てたり、従属的な男性性を貶める行為に荷担したりするのは、男性だけではない。女性もまたそうした営みに一役買っている。夫は家庭よりも仕事を優先すべきという考えに賛成する有配偶女性が三分の二以上を占めていることは先に述べた。加えて、若い女性たちへのインタビューからは、自身が「非正規雇用」か「正規雇用」かに関わらず、彼女らは結婚相手として「非正規雇用」の男性を忌避しがちであることが明らかにされている（本田 2002）。さらに、実際に、女性は職業の有無や雇用形態によって結婚確率がほとんど変わらないのに対して、男性では「正規雇用」「非正規雇用」「無職」の順で明らかに結婚の確率が低くなることも確認されている（厚生労働省 2009：8）。

こうした女性たちからの社会的成功や扶養責任への期待に十分に応えられるのは、男性のなかでもよりヘゲモニックなタイプの男性たちである。より従属的な側に位置づけられた男性たちは、そうした女性たちの期待に応えられないばかりか、それによってますます追い詰められる。したがって、そうした男性たちが、女性なら免れうる稼得責任や社会的成功、リーダーシップや弱音を吐かない姿勢などを期待され、それらを果たせなければ女性とのパートナーシップを築きにくい現状に理不尽さを感じることや、男性たちにそうした過酷な期待を向けてくる女性たちに対してその不満をぶつけたくなる気持ちは理解できる。

しかし、女性たちが男性たちに稼得責任や社会的成功への期待、リーダーシップや弱音を吐かない姿勢などを期待するからといって、それは必ずしも女性が男性を支配しているということにはならない。これまでの男性支配の維持・正当化メカニズムの考察をふまえれば、そうした女性たちの期待は、むしろ男性支配の正当化戦略にまんまと乗せられている、あるいは、そのことは十分承知のうえで、男性に比べて社会経済的に機会が制限された不利な状況のもとであえて採っている生き残り戦略として理解すべきであろう。いずれにしても、そうした女性たちの扶養期待や依存心は、マクロな社会構造レベルで見れば、結局は男性優位の構造を維持し、女性の社会経済的地位を低いままにしておくことに寄与している。こうして、ヘゲモニックな男性性を達成できない男性たちの剥奪感をともないつつ、より優位な男性が女性と他の男性を従属させながら、全体としての男性による女性支配が再生産されているのである。

役割期待の増大

男性たちに「生きづらさ」を経験させているもう一つの側面は、男性に対して期待される役割の増大として理解できる。男女平等化の流れのなかで、従来の男性支配のジェンダー秩序のもとで男性に期待されてきた役割や振る舞いはそのままに、新たな役割を果たすことや別様に振る舞うことも期待されるようになり、男性たちが二重負担感やジレンマに苦しむことが珍しくなくなってきた。

その最も典型的な例の一つが、既婚男性に対して、稼ぎ手役割が期待されたまま、家事・育児役割も期待されるようになったことであろう。１９９０年代後半頃から、未婚女性の間での「男は仕事と家事、女は家事と趣味（的仕事）」といった「新・専業主婦志向」（厚生省 1998：33）や、若い既婚女性の間での「父親は職業と子育てを両立、母親は育児優先」といった「幸福な家庭志向」（舩橋 2000）などのように、女性は従来の役割に留まったまま、男性には従来の役割に加えて従来は女性が担ってきた役割も求めるという期待が、女性たちの間である程度高まりつつあることが指摘されるようになってきた。

また、先に、第5回全国家庭動向調査で有配偶女性の67・0%が、「夫は、会社の仕事と家庭の用事が重なった時は、会社の仕事を優先すべきだ」という考えに賛成と答えていることに触れたが、同じ調査で、有配偶女性の80・5%が「夫も家事や育児を平等に分断すべきだ」という考えに賛成(「まったく賛成」23・3%、「どちらかといえば賛成」57・2%)と答えている。このことは、少なくとも有配偶女性全体として見れば、男性に対して、主たる扶養責任を果たしつつ家事・育児は平等に分担するという二重負担を求める傾向が強いことを示している。

もっとも、これらはあくまで女性たちの希望であり、実態は必ずしもその通りではない。実際には、男性の家事・育児時間は女性に比べて圧倒的に短い。総務省統計局「平成23年社会生活基本調査」によれば、夫婦と子どもからなる世帯での週あたりの家事等に費やす時間は、夫が有業で妻が無業の世帯では妻7・43時間に対して夫は0・46時間、共働き世帯でも妻4・53時間に対して夫は0・39時間と、世帯のタイプに関わらず夫の関与は非常に少ない。収入を得る労働と家事労働等の時間を合わせた総労働時間は、夫が有業で妻が無業の世帯では、妻7・47時間に対して夫9・10時間と夫の方がかなり長くなっているが、共働き世帯では、妻9・27時間に対して夫9・09時間と、わずかではあるが逆に妻の方が長くなっている。こうしたなか、とくに共働きの妻の間で、夫の家事参加の不足に対する不満の声がかねてより多く聞かれてきた（金城・石田 2015）。

しかし同時に、先述のような女性から男性に対する「仕事も家事・育児も」という期待が、少なくとも精神的に男性たちを追い詰めている側面があるのも事実であろう。日本の男性は、諸外国の男性に比べて、圧倒的に長時間働いている。しかも、日本の現在の雇用労働慣行のもとでは、正規雇用の中核社員の多くは、労働者個人で労働時間を大きくコントロールすることはできず、一定程度以上の労働時間を減らそうものなら、一家の扶養責任を果たせるだけの収入を得られる雇用上の地位を失う恐れもある。とくに、妻が家事専業で、家族の扶養責任を一人で負いながら、家事・育児も妻とより平等にと言われれば、実際の行動はともかく、その負担感は大きいだろう。

ただし、そうした負担感に耐えながらも、一家の扶養責任を自ら一手に引き受けながら家事・育児責任も部分的に担うという男性のあり方は、マクロな構造的視点から見れば男性支配体制の維持に寄与しているといえる。男性たちがこれまでの働き方を変えなければ、女性に対する職業的機会は開かれず、労働市場における男性支配はそのまま維持される。そして、夫に経済的に養ってもらいながら家事や育児も手伝ってもらうことで家庭での居心地がよくなった既婚女性たちが、職業領域で男性たちと張り合おうとせず、今以上に家庭を本来の居場所と見なすようになれば、労働市場における男性支配体制はむしろ安泰となり、夫たちも家庭における「大黒柱」の地位を守り続けることができる。家庭の扶養責任はそのままに家事・育児責任も部分的に担うという期待にも応えるという夫たちの「二重負担」は、意外にも、男女平等化が進行するなかで男性支配体制を維持しそれを正当化するために上昇した「支配のコスト」としての側面をもち合わせているのである。

5　生きづらさの非対称性

男性の生きづらさに焦点を当てたため、本章では、女性の生きづらさについては、男性のそれとの比較でほんの一部に触れるのみであった。しかし、女性たちもさまざまな生きづらさを抱えているし、「生きづらさ」などという言葉で表すにはあまりに過酷な、生存権を脅かされるような状況に置かれている女性も少なくない。既婚女性のほぼ4人に1人が配偶者やパートナーから暴力の被害を受けた経験があり、そのうち9人に1人は命の危険を感じたことがある（内閣府 2015b）。また、「貧困の女性化」といわれるように、日本でも、男性に比べて極めて不利な雇用就労条件を背景として、貧困層に占める女性の割合は高い。とくに、男性の収入に依存できない母子世帯では、他のタイプの世帯に比べて相対的貧困率（国民を所得順に並べた中位値の半分以下の所得の人の割合）が圧倒的に高く、50％を超えている（内閣府 2010 : 27）。

ただし、さまざまな女性の生きづらさと男性の生きづらさを比べ、女と男と結局どちらの方がより生きづらいのかを競い合わせるような議論は、あまり生産的であるとは思えない。確かに、限られた予算や人的資源を現時点で男女どちらの支援により集中的に投入するかを考えるうえではある程度有効かもしれないが、それぞれの生きづらさを根本的に解消していくうえではあまり有益でなさそうに思える。

本章では、現代の日本社会における男性の生きづらさが生じる構造的要因について検討し、それを、男性支配体制を維持するための弊害ないしは副作用として理解する仕方を示してきた。そこから見えてきたことは、われわれの社会が、男性支配の構造をなしている限り、男性たちが「男として」経験する生きづらさと女性たちが「女として」経験する生きづらさは、その本質において非対称であるということである。女性の生きづらさの本質は、男性優位の社会構造のもとで、能力発揮、成功、上昇の機会が奪われたり制限されたりすること、すなわち社会的達成の阻害にある。他方で、男性の生きづらさの本質は、男性優位の社会構造を維持するために、能力発揮、成功、上昇へと駆り立てられること、すなわち社会的達成への強迫にある。

これらのことをふまえるならば、男女ともそれぞれに「男らしさ」と「女らしさ」に縛られて「生きづらさ」を抱えているという理解のみで終わってしまっては、ジェンダー化された社会構造におけるマクロな権力構造とそこにおける男女の経験の非対称性への目配りを欠いたナイーブな見方に留まっているといわざるをえない。

しかし同時に、本章における理論的検討からは、「男の生きづらさ」と「女の生きづらさ」の共通点も明らかになった。つまり、どちらも、性別による固定的役割や男性優位の秩序を無理矢理維持しようとする社会的圧力から生じているという点である。

したがって、男女それぞれの生きづらさを軽減していくために向かうべき方向とは、男性を経済的利益や権威の面で優遇するのとひきかえに、彼らに女性に対する扶養と保護の責任を求める方向ではなく、また従来の男性のあり方をそのままに、女性たちに対して男性並みの社会的達成を求める方向でもないだろう。就労を通じて社会に貢献し経済的に自立することと、家事・育児・地域活動などを通じて身近な人々の生活を手助けする活動を担うこと、その両方の機会を男女が対等に得られ、またその両方に対して男女が対等に責任をもつ、そうした社会の実現を目指すことこそが、男女双方の人権保障と生きづらさの解消につながる方向ではないだろうか。

第3章

下落する「男らしさ」の市場価値
―産業構造の変化と男性支配の再編―

近代社会は、能力に応じて地位や収入が決まる能力主義の社会だといわれてきた。では、これまで女性の社会的地位や収入が男性よりも低い傾向にあったのは、女性の能力が低かったからなのだろうか。それとも、これまでの能力主義はタテマエに過ぎなかったのだろうか。近年の産業構造の変化にともなって仕事で必要な「能力」にも変化が生じてきたことに着目しつつ、依然として男性が優位な労働市場の再編過程とその背景を探る。

1　男性の雇用の不安定化

日本では、1960年代後半から1980年代にかけて、大多数の男性雇用労働者が安定した雇用と収入を得ることができていた。ところが、1990年代に入ってから、とりわけ若い世代において、男性であっても安定した雇用と収入が得られる可能性が徐々に低下してきた。もっとも、前章でも確認し、本章でも後に示すように、女性は従来から、労働市場において男性よりも圧倒的に不利な立場に置かれており、現在でもその傾向に変わりはない。したがって、こうした女性の状況に目配りせず、男性の雇用状況の悪化だけをことさら取り立てて問題にすることには慎重でなければならない。

しかし、それにしてもなぜ、女性たちはこれまで労働市場において男性に比べて不利な立場に置かれてきたのだろうか。そしてなぜ、最近になって男性の雇用状況も不安定化してきたのだろうか。前者の問いについては、フェミニズムや社会諸科学の分野においてさまざまな説明が試みられてきた[1]し、後者については、本章でも後に述べるように、産業構造や雇用構造の変化の観点から説明されて

1　フェミニズムにおいては、マルクス主義の立場からの「物質構造決定論」、社会化理論に基づく「主体選択論」、ポスト構造主義の立場からの「言説構造決定論」など（山根 2010）、経済学においては「自主選択説」や「統計的差別論」など（川口 2008）、教育社会学においては「隠れたカリキュラム」や女子の野心の「冷却」に基づく説明など（天野 1988）がある。

きた（山田 2004：本田・筒井 2009）。

しかし本章では、そうした諸研究の成果をふまえつつも、これらの問題を、とくに労働市場において必要とされる能力とジェンダーとの関係性の変化という観点から考えてみたい。近代社会は、能力に応じて職務が配分されたり報酬が与えられたりする「メリトクラシー（meritocracy）」（Young 1958=1982）を原則として成り立つ社会とされてきた。そうした社会の労働市場において、従来女性に比べて男性が有利だったことをどのように理解すればよいのだろうか。

結論を先取りするならば、これまで能力主義的とされてきた労働市場において男性が優位に立ってきたのは、部分的にはその「能力」が女性に比べて男性に有利なものとして定義されていたからであり、部分的には能力主義が今以上に不徹底だったからである。そして、近年になって男性の雇用がより不安定化してきたのは、部分的には社会的に要請される能力の質が変化したからであり、部分的には能力主義がより先鋭化したからである。

以下では、まず、これまでの能力主義が、中立公正を装いながらいかにして男性に有利な競争環境を提供してきたのかを示す。次に、近年の産業構造の変化により、男性に有利だった能力主義的競争の条件が大きく変化しつつあること、しかしながら、労働市場における男性優位の構造は、男性内部の二極化をともないながらも依然として維持され続けていることを示す。そして最後に、男女ともにより多くの人々が経済的に不安定な生活を余儀なくされつつある現状に対して、労働政策と教育においてなしうる対応について考える。

2　ジェンダー化されたメリトクラシー

能力のジェンダー化された定義

能力に応じて職務が配分されたり報酬が与えられたりするべきだというメリトクラシー原理が支配的な社会では、職務や報酬の配分において、能力の反映としての業績こそが重要であり、個人がいかなる属性をもつかは無関係であるはずだった。ところがこれまで、男性には女性よりも安定した雇用とより多くの収入を得るチャンスが開かれてきた。つまり、実のところ、近代社会のメリトクラシーは、一見性別に関して中立に見えながら、女性よりも男性に有利に作用してきたのである。そこには、いかなるカラクリが潜んでいたのだろうか。

その一つとして、近代社会においては、「能力」自体がジェンダー化されていたことが挙げられる。すなわち、各種の能力には男性的または女性的な意味が付与されてきたのである。たとえば、よく知られているように、近代西洋思想においては、伝統的に、理性は男性性と、感情は女性性と結びつけて考えられてきた（Connell 1995 : 164）。また、産業社会における男女の分業を理解する際にも、課題遂行に直接関わる手段的（instrumental）な能力は男性性に、人間関係の調整に関わる表出的（expressive）な能力は女性性に関連づけてとらえられてきた（Parsons & Bales 1956=2001）。さらに、身体を用いた労働の文脈でも、モノづくりや筋力労働に関わる能力は男性的なものと見なされる一方で、対人サービスやケア労働に関わる能力は女性的なものとみなされてきた（山根 2010：159-165）。

こうして定義された「男性的能力」と「女性的能力」には、それぞれ対等な価値が与えられてきたわけではなく、概して、「男性的能力」には高い価値が置かれてきたのに対して「女性的能力」には相対的に低い価値しか与えられてこなかった。

まず、「男性的」と定義される能力は「正当な能力」として公的に認められる傾向が強かったのに対して、女性的と見なされる能力は「正当な能力」の範疇から除外されがちだった。たとえば、近代社会における最も公的かつ基本的な「能力証」は学歴であったが、学歴は男性的特質とされてきた知識や思考といった理性面での能力を保証するものであり、女性に特徴的とみなされてきた「感情を管理する」能力（Hochschild 1983=2000：12）を保証するものではなかった。

また、土木・建築・製造といった第二次産業の拡大をともないながら発展していった近代産業社会は、身体を用いた労働におけるモノづくりや筋力労働といった「男性的能力」のニーズが極めて高い社会でもあった。こうした社会的状況においては、男性は、社会化（socialization）の過程において自らの性に対して期待される能力を伸ばしていけば、それが労働市場における安定した雇用や収入に結びつきやすかった。とくに日本では、１９６０年代に急速に高まった労働力需要を満たすため、それまで非正規労働者として雇用されるのが通例であったブルーカラー層が正社員として雇用される機会が多くなり（本田 2004）、幅広い階層の男性労働者が安定した雇用と収入を確保することができていた。

もっとも、女性に特徴的とされる能力が労働市場において高く評価される場合もあった。その典型が、看護師、保育士、ソーシャルワーカー、小学校教師などである。これらの職業において期待される能力は、伝統的に女性が妻や母として担ってきた看病、世話、しつけなどの役割の延長線上にあるものだった。とはいえ、女性比率の高いこれらのいわゆる「準専門職」は、圧倒的多数を男性が占める医師や弁護士などの確立された「専門職」に比べれば社会的威信も低く、一般に賃金も低かった（天野他 1980：84-6）。また、こうした女性比率の高い「女性職」においても、小学校教師をはじめとして、管理職は男性が務める場合が少なくなかった。そうした状況が、男性は他のメンバーを職務の遂行に向けてリードする「手段的能力」に長けているというジェンダー化された能力観によって支えられてきたことは想像に難くない。

天野正子は、近代社会のメリトクラシーの論理は、能力を産業社会の発展に直接役立つ部分、すなわち管理的能力や組織力に限定し、人間のもつその他の可能性をすべて切り捨ててきた点ですでに破綻しており、その切り捨てられた能力こそが、女性に特有の能力と見なされてきたものであったことを指摘している（天野他 1980：19）。

属性主義の侵入

能力主義的とされる労働市場において、これまで男性が享受してきた有利な条件は、「能力」が男性に有利に定義されていることだけではなかった。近代社会のメリトクラシーは、本来は属性に中立的であるはずの競争に属性主義を巧妙に忍び込ませ、女性を周辺化したり排除したりしてきたのである。

従来の日本の大企業の昇進管理は、性、年齢、学歴、勤続という四つの基準で昇進競争の範囲を限定したうえで、選抜されなかった者がその後の昇進競争に参加できなくなる時期を遅らせて、それまではほぼ横並びの形で昇進させていくという「遅い選抜」を特徴とすることが指摘されてきた（竹内1995：小池1999）。そこでは、「男の正社員」である限り、人並みに仕事をしておけば安定した雇用とある程度の地位の上昇が期待できた。つまり、能力主義的とされる近代社会のメリトクラシーは、女性を予め周辺化し排除した環境のもとでの男同士の限定された競争という側面を有していたのである。

能力主義のタテマエからいえば、特定の学歴や資格といった公的な能力証によって、ある能力の保有が示されていれば、その人の属性に関わらずそうした能力を発揮する機会が与えられるはずであった。ところが女性は、たとえ男性と同様の能力証をもっていたとしても、「女性である」ことによって男性とは異なる能力をもつと信じられ、「女性ならでは」の能力を発揮することが優先的に期待されてきた。たとえば、少なくとも１９７０年代後半の時点では、企業は、男性技術者に「創造力」「企画力」「問題解決能力」といった職務に直結する能力を最も期待する一方で、女性技術者には「責任感」「協調性」「持続性」「細心性」といった職業モラルに関わる能力を期待していた（職業研究所1977：6-7）。また、男女雇用機会均等法が施行された１９８０年代後半以降にも、男女が同等の学歴を有していたとしても、男性は営業戦略を練ったり営業の最前線に配置されたりする一方で、女性は後方で補助的な職務を果たすといった慣行が多くの職場で長年にわたって続いてきた（多賀2007：14）。つまり、これまで、公的な能力証によってその所有が示される能力よりも、性別という属性からイメージされる能力に沿った職務遂行が従業員に期待されてきたのである。

こうした男女間での職務期待の違いは、単なる横並びの職務分離を生じさせるにとどまらず、キャリア形成において男性を有利な立場に導いてきた（木本 2003：首藤 2003）。そのこと自体、企業が、女性に期待されてきた職業モラルや後方での補助的役割を果たす能力よりも、男性に期待されてきた組織の目的達成に直結する能力を高く評価していることの証左だった。

このように、近代社会の労働市場においては、男性たちは、労働市場においてより高い価値が置かれ、より高いニーズのある能力を男性的能力とみなすジェンダー化された能力観と、能力の発揮をめぐる競争における女性の排除や周辺化という二重のアドバンテージのおかげで、性別という属性に中立的であるはずの能力主義的な競争をより容易に勝ち上ることができていた。多くの男性たちの安定した雇用と収入は、高度経済成長にともなう社会全体での雇用の増大と企業組織の拡大を背景としながらも、こうしてジェンダー化されたメリトクラシーによっても支えられてきたのである。

3　男性的能力の市場価値の低下

男性的能力の価値低下

しかしその後、工業社会から消費社会へという大きな社会変動が到来するなかで、従来男性たちにアドバンテージを与えてきたメリトクラシーのあり方は大きく変化してきた。

第一に、これまで男性に特徴的とされてきた能力の価値が相対的に低下し、代わって女性の特質とされてきた能力の価値が上昇してきた。天野正子は、1980年の時点で、女性が職業においてその能力を十分に発揮するためには、男性に特徴的とされる能力をベースとして築かれているメリトクラシーのあり方を変革する必要があることを指摘し、その可能性を近代産業社会の変化に見出していた。すなわち、経済の低成長にともない、経済活動の重点が物質的欲求から精神的欲求へ、「モノ」の生産から「ヒト」との関わりへと移行していくにつれて、伝統的に女性の特質とされてきた能力を必要とする領域が拡大していき、女性であることがマイナスにならないどころかプラスになる分野が増大していくと予想したのである（天野他 1980 : 20-21）。

はたして、彼女の予想はおよそ的中した。重工業中心の工業社会から情報とサービス中心の消費社会へという社会変動のなかで、労働者に求められる能力に変化が見られるようになった。機械化の進展と製造業の衰退により、これまで主として男性に求められてきた筋力労働やモノづくりに関わる能力の需要は相対的に低下してきた。他方で、家事の市場化やサービス部門の拡大が進み、これまで女性に求められてきたケア能力や対人関係能力の需要が高まってきた。さらに、顧客のニーズにいち早く反応してそれを生産に反映させる必要性の高まりや、顧客の満足を引き出すことを通して労働者の働き方や振る舞い方を統制しようとする経営管理手法が広まるなかで、サービス部門に限らずあらゆる労働場面において、従来主として女性に求められてきた「感情労働」（Hochschild 1983=2000）がますます必要とされるようになってきた（渋谷 2003：33-40）。こうして、伝統的に男性に特徴的とされてきた能力の少なくとも一部の需要が低下し、代わって女性の特質とされてきた能力の需要が高まってきたのである。

こうした傾向は、データによっても示されている。永濱利廣は、近年、女性就業者に比べて男性就業者が大幅に減少していることを指摘し、その主な原因を、男性就業者が大多数を占めてきた建設業および製造業の衰退と、女性就業者が大多数を占める医療、福祉分野での雇用の拡大に求めている（永濱 2012：27-30）。２００２年と２０１１年で比較してみると、全就業者数は９年間で約２９３万人減少しているが、その男女別内訳をみると、女性約34万人減に対して、男性就業者の減少は約２５９万人にものぼっている。業種別に見ると、男性就業者の減少がいちじるしいのが、建設業と製造業である。建設業では、就業者の86・０％を男性が占めており（２０１１年時点、以下同様）、９年間で減少した就業者約１４５万人のうち、約１１９万人が男性である。就業者の70・４％を男性が占める製造業では、９年間で減少した就業者数は、むしろ女性の方が多く約１０８万人となっているが、男性就業者も約96万人減少しており、男女合わせて約２０５万人減となっている。一方、女性構成比が75・５％を占める医療・福祉分野では、９年間で約１７４万人就業者が増加しているが、うち男性は約47万人増であるのに対して、女性は約１２７万人の増加となっている。永濱は、こうした状況を「男子向きの仕事が減り、女性向きの仕事が増えた結果、男性の価値が低下した」（同：5）状況ととらえ、マーク・ペリーが提唱した用語を当てはめて「男性不況」（mancession）と呼んでいる。

一方、日本よりも一足早く、1980年代に先進工業国で初めて脱工業化を経験したイギリスでは、男性、とりわけ労働者階級の男性の失業が非常に深刻な社会問題となっている。かつてP・ウィリスが『ハマータウンの野郎ども』でその実態を生き生きと描き出したように、1970年代のイギリスでは、中等教育学校に通う白人労働者階級出身の「野郎ども（lads）」は、学校の正統文化に反映された中産階級的価値に徹底的に反抗することで、労働者階級の「男らしさ」を体現しつつ、中産階級的な成功の可能性を自ら閉ざし、肉体労働者への道を歩んでいた（Willis 1977=1985）。それでも彼らは、ある程度の賃金を稼ぐことができ、それによって仲間とパブで酒を飲むといった労働者階級文化を享受しながら、結婚して家族をもつこともできていた。しかし、1990年代以降の雇用構造の激変により、労働市場における肉体労働は大幅に減少した。彼らは、労働者階級の「男らしさ」の象徴であった「肉体労働に馴染んでいくこと（learning to labour）」よりも、これまで女性的とみなされてきた「サービス労働に馴染んでいくこと（learning to serve）」を目指さざるをえなくなっているのである（McDowell 2003：Willis 2003=2012：尾川 2011）。

能力主義の先鋭化と雇用の二極化

一方、能力主義の先鋭化により、これまで男性に有利な条件を提供してきた「競争の場」の限定性が緩和され、より多くの女性たちが男性と同じ土俵で能力を競い合うようになってきた。「男女平等」が国際的にもはや否定しがたい理念となり、1986年に施行された男女雇用機会均等法がその後三度にわたる大きな改正を経てその趣旨をより徹底化させていくなかで、職場での採用・配置・昇進を判断する基準はますます性別に中立的なものでなければならなくなった。また企業の側も、市場の多様化や経済のグローバル化に対応すべく、組織構成員の多様性を積極的に活かすことを通して組織全体の活性化を図る「ダイバーシティ・マネジメント」（篠原 2008：109）の発想を取り入れ、従業員の昇進や評価において属性よりも「場面場面における個々人の実質的・機能的な有用性」（本田 2005：21）を重視する方向へと自ら変化してきた。こうして、男性と対等な立場で幹部社員候補として働く女性が徐々にではあるが確実に増えてきた。「できる女」が引き上げられ「できない男」が引き下げられる（熊沢 2000：49）ことはもはや珍しいことではなくなってきた。

さらに、能力主義の先鋭化に加えて雇用の二極化傾向が進むなかで、男性であっても能力主義的な競争の場において周辺化されたり、そこから排除されたりする可能性が高まってきた。モノ自体よりもそのモノがもつ「記号」や「付加価値」が消費の動向を大きく左右する「消費社会」においては、商品に付加価値をつけたり経営戦略を練ったりする創造性や専門的知識に高い価値が置かれるため、企業は、そうした能力をもつ労働者には、より高い給与を支払う一方で、給与に見合うだけの成果をより強く求めるようになってきた。他方で企業は、グローバル化する経済のなかで生き残るために、代わりの効く単純労働を、人件費が高くつく正社員から賃金が低く柔軟に雇用できるアルバイトや派遣労働に置き換えようとしてきた（山田 2004：103-110；本田・筒井 2009）。こうして、正規雇用労働者の間では、正規雇用に留まり続けるための負担や、そこから排除されることへの不安が増大するとともに、女性だけでなく男性でも、正規雇用の立場を手に入れられる可能性が以前に比べて確実に低くなってきた。

4　男性支配体制の再編

確かに、先鋭化する能力主義的競争を勝ち抜くためには、高度なストレスにさらされつつ長時間のハードな労働に耐えたり逆境を跳ね返したりする「身体的強靱さ」や「精神的堅硬さ」、複雑かつ多様な情報を縮減・分析して戦略を立てたり作業や経営の効率を高めたりする「論理的・合理的思考」といった、近代的な意味での「男性的能力」の重要性はむしろ高まっているかもしれない。しかし同時に、前節で述べたように、産業構造の変化とそれに呼応した経営管理手法の変化は、ケア能力や対人関係能力といった近代的な意味での「女性的能力」の価値を確実に高めており、男性であっても、そうした能力に欠ける者は不利を被らないとはいえない状況になってきている。今や、先鋭化した能力主義的競争を勝ち上がっていくためには、男性であれ女性であれ、近代的な意味での「男性的能力」と「女性的能力」のいずれをも必要に応じて柔軟に発揮できることが求められている。そうしたなかで、近代社会のメリトクラシーに特徴的であった、能力の専門性という軸に沿った「男性的能力」と「女性的能力」の区別には、依然として一定の意義があるにせよ、従来ほどの重要性はなくなってきているように思える。

　では、現代のメリトクラシーは、もはや男性と女性が対等に能力を競い合えるジェンダー・ニュートラルなものになってきているのだろうか。決してそうとはいえないだろう。今日でも依然として、労働の場は圧倒的な男性優位の構造をなしている。２０１３年の時点で、民間企業管理職に占める女性の割合は、係長相当職でも16・2％と2割にも程遠く、課長相当職では9・2％と1割に満たず、部長相当職ではわずか6・0％である。また、男性一般労働者の1時間あたり平均所定内給与を１００とすると、女性一般労働者のそれは72・2と7割強でしかない。さらに、雇用労働者（非農林業）に占める非正規雇用の割合の推移を１９８４年→１９９５年→２００５年→２０１４年の4時点で見てみると、男性でも7・4％→8・93％→19・7％→21・8％とかなり増加しているが、女性では、32・1％→39・2％→52・5％→56・7％と、もともと男性に比べてかなり割合が高かったうえに、男性を凌ぐ急激なペースで増加している（内閣府 2015b : 54, 57, 58）。

　結論からいえば、今日のメリトクラシーは、女性を競争の場から引き離そうとする一方で男性をそこへと引き込もうとする社会的磁場に守られながら、依然として男性にとって有利に機能し続けているといえるだろう。

　先鋭化しつつある現代のメリトクラシーのもとでは、男性であれ女性であれ、自らのもつあらゆる能力をできる限り投入して業績を上げ、競争に勝ち続けなければ、労働市場において周辺化され排除される可能性が常につきまとう。とりわけ、時間的空間的に「仕事」と「その他の生活」の区別がつきにくいホワイトカラー層（佐藤 2001：2）では、生活全体を仕事中心に組み立てることのできる「生活態度としての能力」（熊沢 1997：39-40）が以前にも増して重要になってきているといえるかもしれない。

しかし、こうした私的生活を仕事に従属させることで示される「能力」や、そうした働き方によってはじめて達成できるような「業績」を基準として選別が行われるならば、私的領域での生活において何らかの責任を負っていることは決定的な不利につながる。また、安定した雇用と収入を確保するためにそこまでして私生活を犠牲にしなければならないのであれば、仕事以外から生活の糧を得られる立場にある者は、競争に参加し続ける動機づけが薄れてもおかしくない。少なくとも現段階では、私的領域における家事・育児・介護といったケア労働責任の大部分を女性が負担している。また、一般的には、男性よりも女性の方が配偶者の収入に依存して生活できる可能性が高い。したがって、労働市場における先鋭化する競争への参加を思いとどまらせようとする力は、いまだに男性よりも女性に対して強く働いている。

他方で、男性に対しては、そうした競争に引き入れようとする力が依然として強く働いている。1990年代末の「育児をしない男を、父とは呼ばない」というキャッチフレーズから最近の「イクメン」に至るまで、男性の家庭責任負担を求める声が高まってきているが、その割には男性に稼得責任を求める圧力はそれほど軽減されていないように思える。たとえば、結婚に際しては、依然として男性に対しては「安定した収入」や「正社員であること」が強く求められている。厚生労働省の「21世紀成年者縦断調査」の対象者のうち、２００２年10月時点で20～34歳の独身であり、その後5年間に結婚した男女について見てみると、女性の場合、結婚した人の割合とその人の雇用上の地位との間に関連は見られなかったが、男性の場合、非正規雇用者で結婚した人の割合（12・1％）は正規雇用者で結婚した人の割合（24・0％）の約半分であり、年収が低いと結婚した割合も低い傾向が見られた。

かたやメディアが描く男性像に目を向けてみると、そこで最も賞賛されているタイプの男性たち（ビジネス・エリート、政治家、プロスポーツ選手など）のほとんどは、私生活を仕事に従属させるような働き方によって過酷な競争を勝ち抜き、妻子を養うのに十分すぎるほどの経済力をもっている（だから家事・育児をする暇も、する必要もない）男性たちである。つまり、依然として男性には、女性に比べて、家族を養えるだけの稼ぎを得ることが期待されており、そのためには、ますます先鋭化する能力主義的な競争に留まり続けて勝ち上がることが期待されているのである。

こうした社会的文脈においては、私生活を犠牲にして働いてでも競争に勝ち抜く能力や、それによって家族を養えるだけの稼ぎを得る能力は、ジェンダー・ニュートラルな能力というよりも、多分に男性的な意味を帯びている。つまり、現在の先鋭化された能力主義的競争においては、近代社会に特徴的であった、専門性の軸に沿った「男性的能力」「女性的能力」という差異が従来ほどの重要性をもたなくなる一方で、そうしたあらゆるタイプの能力を駆使して競争に打ち勝ち家族を養える収入を得る能力が、依然としてメタレベルでの〈男性的能力〉として定義され続けているといえるだろう。

ただし、生物学的に男性であることは、このメタレベルでの〈男性的能力〉を発揮できることを直接保証するものではない。一方、女性であっても、自らに不利な諸条件の影響をうまく振り払うことによって、メタレベルの〈男性的能力〉を発揮できる余地はわずかではあるが残されている。それでも、総じて男性であることがこの〈男性的能力〉を発揮するうえで有利であるという状況は、現在でも続いている。女性の昇進を阻む「ガラスの天井」が相対的に高いか低いか、すなわち、女性は男性に比べて、中間管理職になるチャンスさえ制限されているのか、それとも上級管理職や経営層になるときに初めてチャンスが制限されるのかといった違いはあっても、こうした機会構造自体は、近年の産業先進諸国における多くの職業組織に共通して見られるものである（Burris 1996：Wajcman 1998）。

こうして、現在のメリトクラシーは、メタレベルでの〈男性的能力〉の発揮をめぐる競争の勝者となった一部の女性を「名誉男性」として〈男〉の側へと引き入れつつも、そうした競争から脱落していったより多くの人々、すなわち、ほとんどの女性とますます多くの男性を「〈男〉になり損ねた者」として周縁化することで、労働市場における男性支配体制を再編しつつある（海妻 2005：多賀 2006：117-119：伊田 2008）。そこではもはや、積極的な意味での〈女性的能力〉は存在しえない。競争に勝つことによってのみその所有が証明されるメタレベルでの〈男性的能力〉の保持者と、それをもたざる敗者との差異だけが、無情にも、ますます強調されつつあるように思える。

5　男女の経済的自立に向けて

労働政策による対応

実際の人々の生活状況を考慮するならば、こうした現在の労働市場は、少なくとも次の2点において深刻な問題を抱えているといえるだろう。一つは、二極化した雇用構造のもとで、正規雇用と非正規雇用の収入格差があまりも大きすぎる点、もう一つは、依然として男性に対して一家の稼ぎ手としての役割が期待される風潮がありながら、男性であっても非正規雇用にしか就けず妻子を養うのに十分な収入を得ることがますます困難になっている点である。

実は、この二つの問題点は、根底においてつながっている。従来、正規雇用労働者と非正規雇用労働者の収入格差がそれほど問題にされてこなかったのは、「一家の稼ぎ手としての夫と、家事および家計補助的労働に従事する妻」という性別役割分業体制によってその問題性が覆い隠されてきたからである（中野 2006：伊田 2008）。従来から、非正規雇用労働者の多くは、一家を養うどころか、単身でも「健康で文化的な最低限度の生活」を送ることが困難な水準の収入に甘んじることを余儀なくされてきた。しかし、そうした非正規雇用労働者の多くが正規雇用の夫の収入に依存できる既婚女性であったため、正規雇用と非正規雇用の間の大きな収入格差はそれほど問題にならなかったのである。

ところが、雇用労働者に占める正規雇用の割合が低下し、男性のなかでも正規雇用職に就けない者の割合が高まってきた。そうすると、非正規雇用の収入の水準があまりにも低い現状では、男性であっても、一家を養うどころか、単身での生活すらままならない人々が増加することになった。

当然ながら、これは男性だけの問題ではない。すでに述べたように、雇用労働者に占める非正規雇用の割合は、男性よりも女性で多く、その増加率も女性の方で高い。つまり、女性たちの間では、男性以上に、自ら働いて経済的に自立することが困難な人々が増えてきており、それに加えて、従来はそうした女性たちの経済的な依存先であった正規雇用の男性の割合も減ってきているのである。

こうした事態に対する打開策は、まずは労働政策のレベルで考えられるべきであろう。労働市場がメリトクラシーの原則に基づいて成り立っているとすれば、競争にともなって勝ち負けが生じること、すなわち能力や業績に応じて収入が左右されること自体は問題ではない。問われるべきは、その競争への参加機会はどれだけ均等に開かれているのか、「勝ち負け」の判定はどれだけ公正に行われているのか、「勝ち負け」にともなう収入差は社会的に許容されうる程度なのか、という点であろう。これらの問いに対する答えは一律に判断されうるものではないが、たとえば、「ペイ・エクイティ（同一価値労働同一賃金）」の原則からすれば、同じ職務を同じ質で果たしながら労働時間あたりの賃金が正規雇用と非正規雇用で大きく異なる現状は不公正であるといわざるをえない。また、仮に「勝ち負け」にともなう収入差自体は許容できるとしても、「家族賃金」と引き替えに私生活や健康までも犠牲にして働く正規雇用か、あるいは単身で自活することさえままならない非正規雇用かという、二極化のもとでの二者択一を強いられる状況の問題を問うことも可能だろう。「適度に働いて適度に稼ぐ」という中間的な働き方ができる機会をもっと増やし、女性も含めたより多くの人々が少なくとも自分一人は安定した生活ができる程度の収入を得られる環境を整えることで、男性に経済的に依存せざるをえない女性の割合を減らしていく、という方向での対策も考えられてよいだろう。

教育による対応

では、労働市場における雇用の二極化と女性の男性に対する経済的依存傾向の持続によって経済的に不利な生活を強いられる人々が増加している現状に対して、教育、とりわけ男女平等を目指す教育には何ができるだろうか。

かつての学校教育においては、男女が互いにそれぞれの異なる「特性」を理解し尊重し合うよう教えることを男女平等教育と見なす、いわゆる「性別特性論」的な男女平等教育が支配的であった（村松2000）。そこでは、「男は仕事、女は家庭」という固定的な性別分業は、男女の特性に基づく自然な男女のあり方だと素朴にとらえられ、それがあえて問い直されることはなかった。先述のように、産業構造と雇用構造の変化によってそうした固定的な性別分業のもとで安定した生活ができない男女が増えている以上、こうした男女平等観に立つ教育は、理念レベルでの問題以前に、現実レベルでその支持基盤を失いつつある。

一方、2000年頃になると、こうした「性別特性論」への批判から生じた新しいタイプの〈男女平等教育〉が教育現場で一定の広がりを見せるようになった。従来の固定的性別分業の解消を目指す新しい〈男女平等教育〉は、そうした目的を達成するために、「ジェンダー・フリー」すなわち、「女らしさ」「男らしさ」にとらわれず「自分らしさ」を大切にすることを強調してきた（東京女性財団 1995：小川・森 1998：亀田・舘 2000：ジェンダーに敏感な学習を考える会 2001）（第4章参照）。こうした立場からの教育は、右記の労働を通した男女の経済的自立という課題に対してどのような意義と限界をもちうるだろうか。

論理的に考えれば、この種の教育実践が与えるインパクトは、女子と男子で異なる。女性はこれまで、旧来の「女らしさ」、すなわち、従順で、他人の世話や補助を行い、家庭で家事・育児に携わるといった役割期待に縛られることによって、職業生活において男性と対等に活躍する機会やそのための能力を伸ばす機会を十分に得ることができなかった。したがって、女子に対して、そうした「女らしさ」にとらわれずそこから自由になるよう働きかけることは、教育達成や職業達成を通して彼女らの社会的成功や経済的自立を促すことを意味する。こうした働きかけは、これまで女性を周辺化したり排除したりしがちであった労働市場の能力主義的な競争に女性をより正当な形で参入させようとするものであり、メリトクラシー原則の適用をより徹底するものでもある。

しかし、男子に対して女子と同じ働きかけをすることがよいのかといえば、一概にはそうとはいえないだろう。男性にとって、学校教育と労働市場の文脈における旧来の「男らしさ」とは、教育達成や職業達成における競争を勝ち上がって一家を養える収入を得ることであった。したがって、そうした「男らしさ」にとらわれず、そこから自由になるよう働きかけることには、たとえば家事や育児のような、従来「女らしさ」と見なされてきた役割にも積極的に志向することを促すことと同時に、職業達成を目指す競争を勝ち上がることだけが男の生き方ではないという価値を伝えることも含まれることになる。

確かに、高度成長期から安定成長期にかけての時代のように、ほとんどの男性が男であるというだけで経済的に自立できる程度の賃金を得ることができ、その大多数は妻子を養えるほどの賃金を得ていた時代であれば、そうした働きかけは十分理に適っていた。多くの男性が生活のさまざまな側面のうち働いて稼ぐこと以外のほとんどの側面を切り捨て、そうした男性を中心として社会が動かされている時代にあっては、男性による「男らしさ」からの解放や「自分らしさ」の追求は、男性中心社会や企業中心社会への批判としても、男性個々人が人間としてのバランスを取り戻すうえでも、十分な意義をもっていた。現在でも、そうした意義が失われたわけではない。将来職業に就いて経済的に自立することと自体にそれほど不安をかかえていない層の男子に対してであれば、仕事で業績を上げてより多くの収入を得ること以外の、家事や育児や他の人々の援助などにも価値を見出すよう働きかけることは、彼らの生をより豊かにするとさえいえるだろう。

しかし現在では、これまで見てきたように、能力主義的競争に勝つことや家族を養うことは依然として社会的に「女らしさ」よりも「男らしさ」と見なされているにもかかわらず、男性であっても経済的に自立が難しい人がどんどん増えている。そうしたなかで、学校に行きたくない、勉強を頑張れない、働くことへの意欲が湧かない、職業につながらない活動にしか興味が湧かない、といった、旧来の男性役割の達成を阻害する態度しかとれない男の子たちに、「男らしさ」にとらわれなくてよい、「自分らしく」てよいと促すことは、人生の選択肢を広げるどころか、むしろ経済的自立のチャンスを低めて彼らの人生の選択肢を狭めることにさえなりかねない。少なくとも一定の層の男性たちにとって、「男らしさ」よりも「自分らしさ」を求めることが「心に痛い時代」（藤村 2006）が訪れているのである。

最後に、再び女子への働きかけに関して一点付け加えておきたい。「自分らしさ」とは、その定義上一人ひとりによって異なっていてよいはずであるから、各自が「自分らしさ」を追求した結果、すべての女子が旧来の「女らしさ」から離脱し職業達成を目指すようになるとは限らない。「自分らしさ」を尊重するならば、当然ながら「主婦（または主夫）」になって配偶者に養ってもらうという「自分らしさ」も認めざるをえないだろう。依然として労働市場における競争が男性に有利な条件で展開している現状では、そうした競争に乗らなくても生活できるならあえて乗らないという選択は、女性の場合はある意味で合理的ともいえる。しかし、彼女らにとって、労働市場における競争から「降りる」ことは、別の競争、すなわち自分を養ってくれる男性の獲得をめぐる結婚市場での競争に参入することを意味している。そしてそこでも、「勝者」になれる確率は年々低下しており、競争に「敗れて」しまえば、経済的安定への道は断たれてしまうのである。

もちろん、固定的な「女らしさ」や「男らしさ」からの自由と「自分らしさ」や「個性」の尊重は、女子差別撤廃条約や男女共同参画社会基本法の理念の趣旨に照らす限り、決して否定されるものではなく、今後も教育現場において子どもたちに伝えられるべき価値であろう。しかし、「自分らしさ」や「個性」の尊重は、ジェンダー問題や労働問題の解決を目指す教育における万能薬では決してない。それらは、右記のようないくつかの副作用ももち合わせているし、実は意外にも、「男女平等」の理念とぶつかり合うことさえあるのだ。これらの点については、ジェンダーと教育の問題を扱う次章以降で詳しく検討することにしよう。

第4章

ジェンダーの正義をめぐるポリティクス
―保守・平等・自由―

男女の望ましい関係性のあり方をめぐる論争は、ともすれば男女平等に賛成か反対かという二者択一のものとみなされがちだが、教育現場でのジェンダーをめぐる議論はそれほど単純ではない。男女平等の意味をめぐってもさまざまな見解があり、それらの間で対立や矛盾も見られる。ジェンダーの正義に関わる立場を三つのタイプに類型化することを通して、この混乱した議論の状況を解きほぐし、ジェンダーに関わる教育の方向性を考える。

1　男女平等をめぐる教育現場の混乱

一般社会と同様、教育の世界においても、男女の望ましい関係性やそれを達成するための取り組みについての異なる見解が併存している。とくに2000年代以降、「男女平等」の理解の仕方やジェンダーの取り扱いをめぐって、日本の学校教育はある種の混乱に直面してきたともいえる。

日本政府が1985年に「男女の定型化された役割」に基づく偏見・慣習・慣行の撤廃実現を謳った女子差別撤廃条約を批准し、1989年には学習指導要領改訂によって高等学校における家庭科の男女共修が開始されるなか、学校現場では、1990年代に入ってから、新しいタイプの〈男女平等教育〉実践が各地の教師たちによって試みられるようになってきた。そうした実践の担い手たちは、「男女の「特性」を尊重し、男女の差異を認識した上で、理解し合い協力することが「男女平等」だ」と見なして固定的な性役割を問い直そうとしない従来の支配的な男女平等観を「特性論」（「性別特性論」「特性教育論」ともいう）と呼んで批判した（村松 2002）。そして、女性差別や男女平等を教えるというそれ以前の教育実践にとどまらず、男女混合名簿の導入、教師自身の言動に含まれるジェンダー・バイアス（性別による期待の違い）の解消、児童・生徒を男女とも「さん」づけで呼ぶこと、男女で異なる固定的な役割や「らしさ」を問い直す授業などの新しい教育実践を取り入れた。こうした新しい〈男女平等教育〉は、「性別特性論」に立つ従来の男女平等教育との対比で、「ジェンダー・フリー教育」と呼ばれることもあった（東京女性財団1995：小川・森1998：亀田・舘2000：ジェンダーに敏感な学習を考える会2001）。

こうした新しい〈男女平等教育〉の実践は、公的政策によっても後押しされてきた。2000年に閣議決定された政府の「男女共同参画基本計画」（第1次）においては、12の重点項目の一つとして、「男女共同参画を推進し多様な選択肢を可能にする教育・学習の充実」が掲げられ、初等・中等教育における具体的施策として、男女平等の視点からの教材への配慮、児童生徒一人ひとりの個性の尊重、学校運営などにおける固定的性別役割分担の見直しなどが盛り込まれ、その後5年おきに改定された第2次、第3次の基本計画においても同様の項目が掲げられてきた。そうしたなかで、教育委員会からの研究指定を受けて、全校を挙げて〈男女平等教育〉の実践に取り組む例も見られるようになった（第5章参照）。

しかし、新しい〈男女平等教育〉の取り組みに対しては、当初から教育現場で疑問やとまどいの声を上げる人々もいた。男女共同参画基本計画（第1次）が施行されたばかりの2001年に、筆者もシンポジストとして参加した、ある県の校長研修会では、終了後に提出された参加者の感想のなかに、新しい〈男女平等教育〉に対して、たくさんの疑問や反論が書かれていた。たとえば、「〜さん、〜君の呼び方と男女平等教育に何の関係があるのか」「混合名簿など男も女も同じにとする方法論にはどうしてもついていけない」「男女に性別があることを認め、それを活かす方向で課題解決すればよいのではないか」「男らしく、女らしく、そしてあなたらしく、というのではいけないのか」などである。

さらに、新しい〈男女平等教育〉に対しては、「行き過ぎ」であるとか「性差をなくそうとしている」などという批判の声も聞かれるようになった。公的政策のレベルにおいても、たとえば、東京都教育委員会が「ジェンダー・フリー」の用語を使用しないことを取り決め、「「ジェンダー・フリー」に基づく男女混合名簿を作成することがあってはならない」との通知を出したように〈2002年8月26日、東京都教育委員会〉、公教育機関においては、新しい〈男女平等教育〉に対してより慎重な姿勢をとる動きも見られるようになってきた。

こうして見ると、教育現場における男女平等の取り扱いをめぐる混乱は、男女平等教育に賛成か反対かとか、男女平等達成のために学校教育は何をすべきかといったレベルでの意見の対立だけから生じているのではないことがわかる。つまり、これらの混乱は、そもそも何をもって「男女平等」と見なすのか、現在の男女のあり方の何が問題なのか、さらにいえば、ジェンダーの正義（gender justice）をどう考えるのかといったより根源的なレベルの問いにおいて、異なる見解が錯綜していることに端を発しているのである。

このように、ジェンダーと教育に関わる根本的な認識において混乱が生じているとすれば、そこで各自がジェンダーに関する「あるべき論」をぶつけ合っても、議論が嚙み合わない可能性が高い。議論を少しでも生産的なものにするためには、ジェンダーと教育に関わるさまざまな主張同士の論理的な関係を整理し、嚙み合わない互いの主張は、いったいどこですれ違い、どこでぶつかり合っているのかを冷静に判断していく作業が必要であろう。

そこで本章では、学校教育とジェンダーに関わるさまざまな主張を整理して把握するために、それらを「ジェンダー保守主義」「ジェンダー平等主義」「ジェンダー自由主義」という三つのタイプに類型化し、それぞれの特徴を、他のタイプとの相互関係のなかで明らかにする。なお、これら三つのタイプは、必ずしも実在する誰かの具体的な主張というわけではなく、混沌とした状況を整理して把握するための抽象的なモデルとして筆者が措定したものである。したがって、特定の個人の主張や一連の政策のなかに、これら複数の視点が混じり合っている場合もありうる。たとえば、先に述べた新しい〈男女平等教育〉の実践や、男女共同参画関連の施策には、ジェンダー平等主義とジェンダー自由主義の視点が混在している。

2　ジェンダー保守主義の視点

昔から男は仕事、女は家事育児を中心に行った方が世の中うまくいくものです。よって男女平等はありそうで絶対にありえないことだと考えております。（女性、50代前半）

女性にできること、男性にできることはそれぞれ違うと思うので、男女平等にするというのはできないと思う。お互いができないところを補っていけば良いと思う。学校での名簿などを男女混合にすることなどまで気を遣うのはおかしいと思う。

（女性、30代後半）[1]

ここでいうジェンダー保守主義とは、「男は仕事、女は家庭」という性別分業に代表されるような、固定的で非対称な男女のあり方を守ろうとする立場である。今日の日本では、憲法二四条に「両性の平等」がうたわれているように、「男女平等」は公的には否定しようのない理念である。それにもかかわらず、このジェンダー保守主義の主張が一定の層の人々に支持されているのは、そうした主張がそれらの人々の生活実感に適合していることに加えて、「男女平等」をタテマエにすぎないものにしてしまう視点や、「男女平等」と固定的で非対称な男女のあり方を矛盾なく共存させる視点や論法が、多くの人々に共有されているからである。主なものとして、男女の役割や「らしさ」の違いを「自然な違い」と見なす視点と、それを「対等な違い」と見なす視点が挙げられる。

自然な性差

ジェンダー保守主義の主張を支える視点の一つが、男女の違いは「自然なもの」であるという論法である。ある事柄を「自然なもの」と認識するということは、その事柄について、それ以上問いを発

1　ある自治体の委託を受けて筆者が２００６年に実施した男女共同参画に関する市民意識調査の自由回答欄からの抜粋。回答者の年齢は調査時のもの。以下の3節、4節の抜粋も同様。

することを押しとどめる効果をもつ（Barthes 1957）。男女の違いを「自然なもの」と見なす論法のもとでは、なぜ、どのようにして男女の違いは生じているのかという問いや、男女の違いが一方の性に不利益をもたらしているのではないかといった問いを発することは難しい。とくに、男性と女性では、生殖機能とそれに付随する身体的構造が異なるため、そうした身体レベルの性差を根拠として、あらゆる性差が自然なものとみなされやすい（生物学的決定論）。その結果、男女の違いとして認識される諸現象のなかには後天的・社会的に形成されている部分もあるという側面や、そうして社会的に形成された性差のなかには一方の性に不利益をもたらす部分もあるという側面は、覆い隠されてしまう。

こうした、性差のすべてを「自然なもの」と見なす視点に再考を迫ったのが１９８０年代後半から日本の社会科学に導入された「ジェンダー」（gender）の概念であった。ジェンダー概念にはさまざまな定義や用法があるが、最も一般的な用法における基本的な考え方は、人間の性別には、生物学的なレベルの性別とは独立した、後天的・社会的につくられるレベルの性別（ジェンダー）もあり、ジェンダーは必ずしも生物学的な性別には規定されないという考え方である。アカデミズムの世界では、このジェンダー概念は、定義の精緻化をともないながら、さまざまな社会現象を読み解くうえでの重要な分析概念として広く浸透していった。また、こうしたジェンダーの考え方は、次節以降で詳しく述べるように、ジェンダー平等主義やジェンダー自由主義の立場に立つ人々の間で、従来の固定的で非対称な男女のあり方の不当性や変革可能性を主張できる根拠として、広く受け入れられていった。

しかし、こうしたジェンダーの考え方は、これまで、多数派の人々にすんなりと受け入れられてきたわけではない。[2] その理由は、ジェンダーというものの存在を、日常生活のなかで実感することが極めて困難だからである。「人間の性別は生物学的性別と社会的性別の二つのレベルに分けて考えることができる」というジェンダーの考え方は、論理としては明快である。しかし、現実のわれわれの生活に照らし合わせたとき、われわれの女／男としての身体・パーソナリティ・行動様式において、どこまでが生物学的な性別で、どこからは社会的な性別なのかという線引きをすることは極めて難しい。

ジェンダーの考え方を具体的に理解するためには、たとえば、自らの社会と他の社会との間、あるいは現代社会と過去の社会との間で男女のあり方を比較するといった、「頭を使った苦労」をともなう作業を必要とする。固定的で非対称な男女のあり方を何とかして変革したいと感じている人であれば、そうした「頭を使った苦労」も苦にはならないかもしれない。しかし、従来の男女のあり方に何の疑問ももたずに日常生活を送っている人々が、あえてそうした苦労をともなう作業をするというのはそう容易なことではない。なぜなら、そうした作業は、かれらの生活にとって何ら緊要性がないと感じられているばかりか、かれら自身の生活のあり方の自明性や正当性を脅かす可能性さえもち合わせているからである。

2 内閣府の世論調査によれば、「ジェンダー（社会的性別）」という用語を見たり聞いたりしたことのある人の割合は、２００９年時点でも31・９％と三分の一に達していない。

異質平等論

ジェンダー保守主義の主張を支えるもう一つの論法は、異なる役割を果たす男性と女性の関係を「異なるけれど平等」とみなす「異質平等論」の論法である。そこでは、固定的で非対称な男女のあり方は、社会の発展や秩序維持にとって機能的で望ましいものと見なされる。それぞれの役割を果たす男性と女性の関係は、一方の性に不利な関係であるというよりも、共通の目標のためにお互いが異なる役割を果たし合う互恵的な関係であるとみなされる。

次節で詳しく述べるが、「男女平等」の理念において問題とされるのは、一方の性が不利であるような男女のあり方である。したがって、生まれつきではなく社会的につくられているとみなされる男女のあり方であっても、それが一方の性の不利益をともなっていなければ、男女平等の理念に反しているとはいえない。「男は仕事、女は家庭」という性別分業も、「役割は違うけれども対等」といってしまえば、男女平等に反するとはいえなくなる。ここに、「ジェンダー」概念が浸透した後もなお、固定的で非対称な男女のあり方が正当性を保ち続ける余地が残されている。

確かに、マクロな視点に立って、組織的意思決定権や経済力といった社会的影響力の源泉が男性集団と女性集団に配分される割合に着目するならば、「男は仕事、女は家庭」という性別分業を男女平等な制度と見なすことには無理がある。なぜなら、職業労働と家事労働は、ともに現代社会を維持する不可欠の労働であるという点では対等な価値をもつかもしれないが、組織的意思決定権や経済力を得られるのは職業労働を通してであって、家事労働を通してではないからである。

しかし、個別の夫婦関係のようなミクロな社会関係における当事者の主観の側に立って考えるならば、「男は仕事、女は家庭」という性別分業が必ずしも女性に不利な分業であるとはいいきれない。サラリーマンと専業主婦のペアで、お互いが果たしてくれる役割に感謝し合いながら円満な関係を築いている夫婦にとっては、そうした分業は「異なるけれども平等」な制度と感じられているかもしれない。そして、そうした分業のあり方を批判するジェンダー平等主義の主張に対しては、あたかも自分たちの生活のあり方や存在自体が否定されているかのようだとして、反発を感じるかもしれない。

このように、固定的で非対称な男女のあり方を守るべきだとするジェンダー保守主義の主張は、一定の層の人々の生活実感に訴えることで、そうした人々からの支持を得ている。そして、男女の役割や「らしさ」の違いを、「自然な」違いや「対等な」違いであると主張することによって、男女平等の理念との矛盾を回避している。1節で触れた「性別特性論」は、まさにこのジェンダー保守主義の立場に立った教育論である。

3　ジェンダー平等主義の視点

男性は「誰のおかげで生活ができているんだ」とか言っていますが、女性の側から言えば「誰のおかげで仕事、子供の教育など安心してできるんだ」と言いたいですね。…今まで生きてき

て、なぜ「男」が威張るのかわかりません。…男女平等ということを学校教育で学習するといいと思います。（女性、65歳以上）

ここでいう「ジェンダー平等主義」とは、男女間の利害関係や権力関係における非対称性に焦点を当て、そうした非対称性の解消を目指す立場である。ジェンダー平等主義は、「男は仕事、女は家庭」という性別分業のような固定的で非対称な男女のあり方に反対する。それは、そうした男女のあり方を、ジェンダー保守主義のように「自然な」違いや「対等な」違いと見なすのではなく、「社会的につくられた」違いであり一方の性に不利な違いであると見なすからである。

したがって、学校教育の文脈では、学校内部において一方の性が不利益を被る状況はもちろんのこと、将来的に一方の性を他方の性に比べて不利な立場へと導いていく可能性のある教育環境のあらゆる側面が問題とされる。こうしたジェンダー平等主義の視点は、その積極性の度合いから、「形式的男女平等」と「実質的男女平等」という二つの立場に分けてとらえることができる。

形式的男女平等

ここでいう形式的男女平等とは、教育を受ける機会や選択できる学習内容が男女で同じであることをもって平等と見なすという立場であり、一般に「機会の平等」と呼ばれるものを指している。

戦前の日本の教育制度は、この形式的男女平等の観点から見ても、明らかに女性にとって不利な制度であった。中等教育段階では、男性と女性で選択できる学校種が異なっており、男女で大きく異なるカリキュラムが課されていた。また、高等教育へ進学できる機会が与えられていたのは、中等教育段階で男子向けの教育を受けた者だけであったため、女性には、高等教育を受ける機会が実質的には閉ざされていた（木村 2000a）。

戦後になると、1946年に公布された日本国憲法で「両性の平等」がうたわれ、1947年制定の旧教育基本法で「男女共学」が規定されるなかで、基本的には、男女間の教育を受ける機会の平等は達成された。もっとも、一部には公的に機会の平等が制限される場合もあった。たとえば、学習指導要領では、1958年から1989年までの約30年以上にわたって、中等教育において女子のみに家庭科履修が義務づけられていた（堀内 2003）。また、防衛大学校のように、一部の文部省（当時）管轄外の高等教育相当機関において、女子の入学が認められないケースがあった。しかし、これらの問題は今世紀までに解消されており、現在では「女子大学」の存在など、ごく一部の例外を除いて、日本の教育制度における形式的男女平等はほぼ達成されている。

形式的男女平等において問題とされるのは、教育を受ける機会や選択できる学習内容における平等である。したがって、平等な機会のもとで男女がともに教育を受けた結果、学業成績や学歴において男女で格差が生じたとしても、それは仕方がないことであると見なされる。また、学校教育修了後に、男女が性別分業に対応するライフコースをたどったとしても、少なくともそれが教育の問題であるとは見なされない。機会が平等に開かれている以上、結果における男女間の格差は、「努力」や「好み」

といった個人的な要因、または「素質」といった生物学的な要因に求められることになるのである。

実質的男女平等

それに対して、実質的男女平等の考え方においては、機会の平等が結果の平等に結びつかない原因を、個人的要因や生物学的要因だけでなく、幼少期からの生活環境や学校内での学習環境といった社会的要因にも求めようとする。そして、教育を受ける機会や選択できる学習内容といった「形式的男女平等」の背後に「隠れた」形で存在する、一方の性に不利益をもたらす要因を取り除いたり、そうした不利益を補償したりすることで、はじめて「実質的男女平等」が達成されると考える。

1980年代後半以降の学校社会学においては、こうした、機会の平等が結果の平等に結びつくことを阻む学校の内部過程が明らかにされてきた。まず、学校における教育機会が男女平等であっても、学校外における性別役割期待の違いによって、女子の教育達成が阻害されることが指摘された。学校では、児童生徒は、少なくともフォーマルには、男女を問わず、教育達成とその先にある職業達成における成功を期待される。男子の場合、学校からフォーマルに受けるこうした期待と男性役割が合致するため、教育達成や職業達成への競争が過熱化することはあっても、葛藤を感じることはない。しかし、女子の場合、学校からフォーマルに受ける期待と女性のみに求められる家庭役割は相容れないため、葛藤を経験する。そうした葛藤が、教育達成における女子の意欲を低下させ、女子の「地位引き下げ」メカニズムとして作用することが指摘されてきた（天野 1988）。

さらに、学校外だけでなく、教育機会が男女平等であるはずの学校内部でも、児童生徒に対して、男性優位や性別分業に対応したジェンダーのメッセージが「隠れたカリキュラム」(hidden curriculum)のレベルで発信されていることが指摘されてきた。たとえば、小中学校の教科書の分析からは、固定的で非対称な男女のあり方を助長するような挿絵や記述が各所に見られること、国語では作者や登場人物の比率において圧倒的に男性の割合が高いこと、社会科では女性についての歴史記述が極端に少ないことなどが明らかにされた(伊東他 1991)。また、担当学年や職位が上がるほど男性教師の割合が高まるという教員の職階構造、男女別名簿や生徒会役員などにおける「男が先」「男が上」の慣習、教師は女子よりも男子に多く働きかける傾向などが指摘された。そして、こうした教材や教師の実践のあり方が、児童生徒を、男女で異なる固定的な役割へと導き、そのことが女性の地位向上を妨げている可能性が論じられた(木村 2000b)。

こうした実質的男女平等の観点から見るならば、これまでの学校教育における機会の平等は、実質的には男女に平等な機会を提供していなかったということになる。そして、男女間に「実質的な機会の平等」を保障するためには、「隠れたカリキュラム」におけるジェンダー・バイアスを取り除き、両性にとって公平な学校環境を整備することが求められる。さらに、女子の不利を補償するために女子だけに特別カリキュラムを提供したり、女子をクラスや班のリーダーとして積極的に登用するといった教育実践も、「機会の不平等」や「逆差別」ではなく、「実質的な機会の平等」を保障するための手段であるとみなされる。もし、女子大学の教育にこうした機能が認められるとすれば、女子大学の存在は「実質的な機会の平等」の視点から正当化される。逆に、もし本当に男子の方が教育上の不利を被っているのだとすれば、男子に対して優先的な補償教育を施すことも、この立場からであれば正当化されうるのである。

このように、男女間の教育機会の均等をあくまで形式的なレベルに限定してとらえるか、それともより実質的なレベルまで踏み込んで考えるかのバリエーションはあるものの、ジェンダー平等主義の視点においては、一方の性に不利な教育環境のあり方が問題視される。そして、一方の性の不利益に結びつく限りにおいて、ジェンダー保守主義が守ろうとする、固定的で非対称な男女のあり方につながる教育環境は批判の対象とされるのである。

4 ジェンダー自由主義の視点

20年ほど前までは、男は働き、女は家事育児が当然とされて、今は男女共に働き、家事育児をするのが当然となりつつあります。それがとても嫌です。…男女とも色々な選択肢があると教育して！

（女性、30代後半）

ここでいう「ジェンダー自由主義」とは、性別とのかかわりで個人の選択に対して外部から規制がかかることを問題視し、個人の生活や人生のあり方を個人の自由な選択にゆだねることを目指す立場である。ジェンダー自由主義は、自由を求める方向性の観点から、「ジェンダーからの自由」と「ジェンダーへの自由」という二つの立場に分けてとらえることができる（森 2005）。

ジェンダーからの自由

ここでいう「ジェンダーからの自由」とは、固定的で非対称な男女のあり方を求める規範を問題視し、そうした規制からの自由を求める立場を指している。

「ジェンダーからの自由」とジェンダー平等主義は、ジェンダー保守主義が守ろうとしている固定的で非対称な男女のあり方を問題視するという点では共通している。しかし、そうした男女のあり方に反対する理由と反対する程度において、両者の間には違いが見られる。ジェンダー平等主義の立場が固定的で非対称な男女のあり方に反対するのは、そうした男女のあり方が、一方の性を不利に導くと見なすからである。したがって、社会的につくられた固定的で非対称な男女のあり方であっても、それが一方の性に不利な関係性を含んでいなければ、ジェンダー平等主義の立場からはあえて問題にされることはない。一方、「ジェンダーからの自由」の立場が固定的で非対称な男女のあり方に反対するのは、それが個人の自由な選択を規制するからである。したがって、ジェンダー自由主義の視点からは、社会的につくられた固定的で非対称な男女のあり方を求めるあらゆる規制が問題とされる。そうした意味で、「ジェンダーからの自由」は、ジェンダー平等主義以上に、固定的で非対称な男女のあり方に対する痛烈な批判を含んだ視点である。いくつか例を挙げよう。

第一に、たとえば、「男は仕事、女は家庭」という性別分業を求める規範の是非をめぐっては、ジェンダー保守主義とジェンダー平等主義との間で一種の「水掛け論」が発生する。なぜなら、先に見たように、そうした分業を「異なるけれども対等な」分業だと見なすのか、それとも不平等な分業と見なすのかに関して、議論の余地が残されているからである。しかし、「ジェンダーからの自由」という視点からは、ジェンダー保守主義の主張はあっさりと退けられてしまう。なぜなら、「男は仕事、女は家庭」という規範は、それが対等な分業であろうが不平等な分業であろうが、性別によって個人の選択を規制しているという点ですでに問題だからである。

第二に、「ジェンダーからの自由」という視点は、男子がかかえているジェンダーの問題を顕在化するうえでも効果的である。男女間の不平等に焦点を当てるジェンダー平等主義の視点では、ともすれば、不利を被る側とされる女子の問題に関心が集中し、有利な側とされる男子がかかえる問題は見過ごされがちであった。それに対して、「ジェンダーからの自由」の視点は、男子もまた固定的な「男性役割」や「男らしさ」の規範によって抑圧され、人生の選択肢や生活の幅が狭められているという側面をクローズアップすることができる。

第三に、「ジェンダーからの自由」の視点に立てば、ジェンダー平等主義の視点からは必ずしも問題にされない、学校内でのさまざまな性別処遇が問題にされうる。たとえば、制服を採用しているほとんどの学校では、男子はズボン、女子はスカートという男女で異なる服装規定が設けられている。また、特定の持ち物の色が、たとえば男子は青、女子は赤というふうに決められている学校もある。こうした規則は、ズボンをはきたい女子や、赤いものを持ちたい男子にとっては抑圧的な規則であるだろうが、これらの規則をジェンダー平等主義の視点から問題化することは難しい。なぜなら、ズボンとスカート、あるいは青と赤の間に直接的な優劣関係を想定することが困難であるため、この規則が「男女不平等」であるとは言い切れないからである。男も女も、同じように選択肢が制限されているという点で、「異なるけれど平等」であるともいえる。しかし、「ジェンダーからの自由」の視点に立てば、これらの規則は問題とされる。性別という生まれながらの属性によって、男女間の身体的な構造の違いと直接関係ないにもかかわらず、社会的な選択肢が制限されるということは、自由の視点から見れば不合理だからである。

それゆえに、「ジェンダーからの自由」の視点は、男女のどちらが不利益を被り差別されているかを問題にする「男女平等」の枠組みでは問題化しにくかった性的マイノリティの子どもたちが抱える悩みやかれらが直面する差別の可視化において大きな役割を果たした。

同性にしか性的な関心を抱けない同性愛者たちは、性自認が男性であれ女性であれ、「女は男を、男は女を好きになるはずであり、そうすべきだ」という異性愛至上主義（heterosexism）が浸透した学校環境のもとで、自らの性的指向をひた隠しにしながら、暗黙のうちに異性愛のみを前提として作られたカリキュラムや教師の教育実践、同性愛者を侮蔑し嘲笑するような教師や他の生徒たちの言動に耐えざるをえなかった（伊藤 1998：いのちリスペクト。ホワイトリボン・キャンペーン 2015）。固定的な「女らしさ」「男らしさ」の規範の抑圧性を問題化する「ジェンダーからの自由」の視点は、こうした異性愛至上主義が同性愛者に対してもたらす抑圧性を問題化するのに非常に効果的だった。

また、身体的な特徴に基づいて出生時に認定された性別での生活に甚だしい苦痛を感じ、もう一方の性別での生活を強く指向する性同一性障害またはトランスジェンダーの人々や[3]、解剖学的な性の発達が先天的に非定型的である性分化疾患の人々も[4]、戸籍の性別に基づいて二分法的な女／男いずれかとしての装いと振る舞いを求められる学校生活のなかで苦しんできた（佐倉 2002, 2003：橋本 1998）。「ジェンダーからの自由」の視点は、こうした、出生時に他者によって認定された二分法的性別カテゴリーに個人を強制的に押し込めることの抑圧性を可視化するのにも効果を発揮した[5]。

3　ここでは、「トランスジェンダー（transgender）」を、出生時に割当てられた性別を越境する人を包括的に指す意味で用いている。「性同一性障害」は、精神医学上の疾患名であり、厳密にいえば、医師にそれと認定された人だけが「性同一性障害者」となる。「障害」をいう呼び方を好まない当事者もおり、近年では「障害」の用語を避けてこうした状態を「性別違和（gender dysphoria）」と呼ぶ用法もある。

4　こうした状態の人々を指す用語として、従来「半陰陽（hermaphrodite）」や「インターセックス（intersex）」も用いられてきた。

5　ただし、トランスジェンダーのなかでも、たとえば、出生時に男性と認定された人が、社会的に期待されるステレオタイプ的な「男らしさ」に沿って男性として生活することに苦痛を感じる一方で、女性として生活することを望み、社会的に期待されるステレオタイプ的な「女らしさ」に沿って生活することには苦痛を感じない場合、その人は、社会的に定義されたジェンダー（男らしさ）からの自由を指向しているというよりも、むしろ社会的に定義されたジェンダー（女らしさ）への自由を指向しているといえるだろう。

このように、「ジェンダーからの自由」の視点は、社会的につくられた固定的で非対称な男女のあり方を求めるあらゆる規範を問題にしようとするものである。したがって、そうした問題提起の中には、ジェンダー平等主義者のなかでも一方の性の不利につながる教育環境のみを問題にしようとする人や、性的マイノリティの抱える問題の理解が十分でない人の目には「どうでもいいこと」や「行き過ぎ」と映るような事柄が含まれているかもしれない。その意味においては、ジェンダー平等主義の視点は、新しい〈男女平等教育〉の取り組みを「行き過ぎ」として批判するジェンダー保守主義の視点と、立場を部分的に共有しているといえる。

こうして見ると、ジェンダー保守主義の立場に立つ人々が、「男女平等」よりも「ジェンダー・フリー」（ジェンダーからの自由）という言葉に過敏に反発してきたのは、単に「ジェンダー・フリー」という言葉の定義の曖昧さだけによるのではないことがわかる。ジェンダー平等主義の視点がある程度広まっていったとしても、ジェンダー保守主義の側は、新しい〈男女平等教育〉実践のある部分を「行き過ぎ」だと見なす点でジェンダー平等主義と立場を共有したり、「異質平等論」の論法を持ち出したりすることでジェンダー平等主義と共存する道が残されている。しかし、「ジェンダーからの自由」という考え方は、ジェンダー保守主義の主張の正当性を根底から揺るがす可能性を持ち合わせているのである。

ジェンダーへの自由

このように、ジェンダー自由主義の視点は、「ジェンダーからの自由」という方向に自由を求める限りにおいて、固定的で非対称な男女のあり方を守ろうとするジェンダー保守主義に対して、最も対抗的な立場となりうる。しかし、自由を別の方向に求めたとたんに、ジェンダー自由主義の視点は、意外にもジェンダー保守主義を支える立場へと姿を変えることになる。

ジェンダー自由主義は、個人の選択の自由を基盤に置く考え方である。したがって、「ジェンダーからの自由」を認めるのならば、同じく個人の選択の自由に基盤を置く「ジェンダーへの自由」を認めないわけにはいかない（森 2005）。すなわち、固定的で非対称な男女のあり方を拒否する自由もあれば、積極的にそれらを選択する自由もあるということである。自由の視点から問題にされるのは、ある選択が外部から強制される状態であって、そうした強制が解消された結果、個人がどのような選択を行うかについては問われない。たとえ、男子が理系、女子が文系を進んで選択したり、男女の多くが「男は仕事、女は家庭」という性別分業に対応したライフコースを選択していったとしても、そこに明白な強制が確認されなければ、それ以上は問題にされない。その点では、ジェンダー自由主義の視点は、先に述べた形式的男女平等の視点といくつかの前提を共有している。つまり、ジェンダー自由主義の視点は、従来の固定的で非対称な男女のあり方を解消する方向性と同時に、それらを維持し補強する方向性も持ち合わせている。

ここで問題となるのは、一見自由に見える個人の選択が、本当に自由な選択なのかという点である。

実質的男女平等の箇所で述べたように、学校社会学におけるジェンダー研究が明らかにしてきたのは、明白な選択の強制が解消された後にもなお、一見自由に見える個人の選択の背後で、「隠れたカリキュラム」を通して、暗黙のうちに選択の水路づけがなされている可能性であった。したがって、実質的男女平等の立場からすれば、教育における一見「自由な」選択を尊重した結果、一方の性が不利になる状況が解消されそうにない場合は、実質的な選択機会の平等を実現するために、特定の方向へ児童生徒の選択を促すといった教育的介入が望まれる。しかし、ジェンダー自由主義の視点、とりわけ「ジェンダーへの自由」の視点からは、そうした介入は「いらぬお節介」であり「不当な介入」であるとみなされる。こうして、実質的男女平等の補償や教育的介入の是非をめぐって「自由と平等のアポリア」(川本 1998)が生じることになる。

このように、ジェンダー自由主義とジェンダー平等主義は、ジェンダー保守主義が守ろうとする固定的で非対称な男女のあり方に反対する点で共通している。しかし、そうした男女のあり方にどこまで反対するのかや、男女間の平等達成のために個人の選択に制限を加えるべきかどうかに関しては、意外にも立場を異にしており、互いに反発し合うことさえありうるのである。

5　ジェンダー・リベラル派の教育は何を目指すのか

以上のように、今日のわれわれの社会においては、男女のあり方をとらえるうえで、互いに矛盾し合う複数の見方が存在している。図4-1は、前節までの議論を図式的に示したものである。実線で結ばれた立場は何らかの点でいくらか近い関係にあり、両矢印で結ばれた立場は何らかの点で反発し合う関係にある。本章1節で述べたように、ジェンダー保守主義の教育論に対する批判に立脚した新しい〈男女平等教育〉論には、ジェンダー平等主義とジェンダー自由主義の両方の視点が混在していた。そうした意味で、最初の立場をジェンダー保守派、後の二者の立場をジェンダー・リベラル派と整理することも可能だろう。

しかし、いずれにせよ、これらさまざまな立場のどこに立つのかによって、男女のあり方の何が問題であり、どうすることが問題の解決につながるのかも異なってくる。「男女平等」が公には否定しがたい理念であるとしても、その「平等」を達成するために何をすべきかはもちろん、何をもって「平等」と見なすのかについても、さまざまな見方が存在しており、そもそも「平等」だけがジェンダーの正義（gender justice）における唯一の価値なのかについても、必ずしも合意がなされているわけではない。

本章における検討を通じて見えてきたことの一つは、ジェンダー・リベラル派の教育論や教育実践

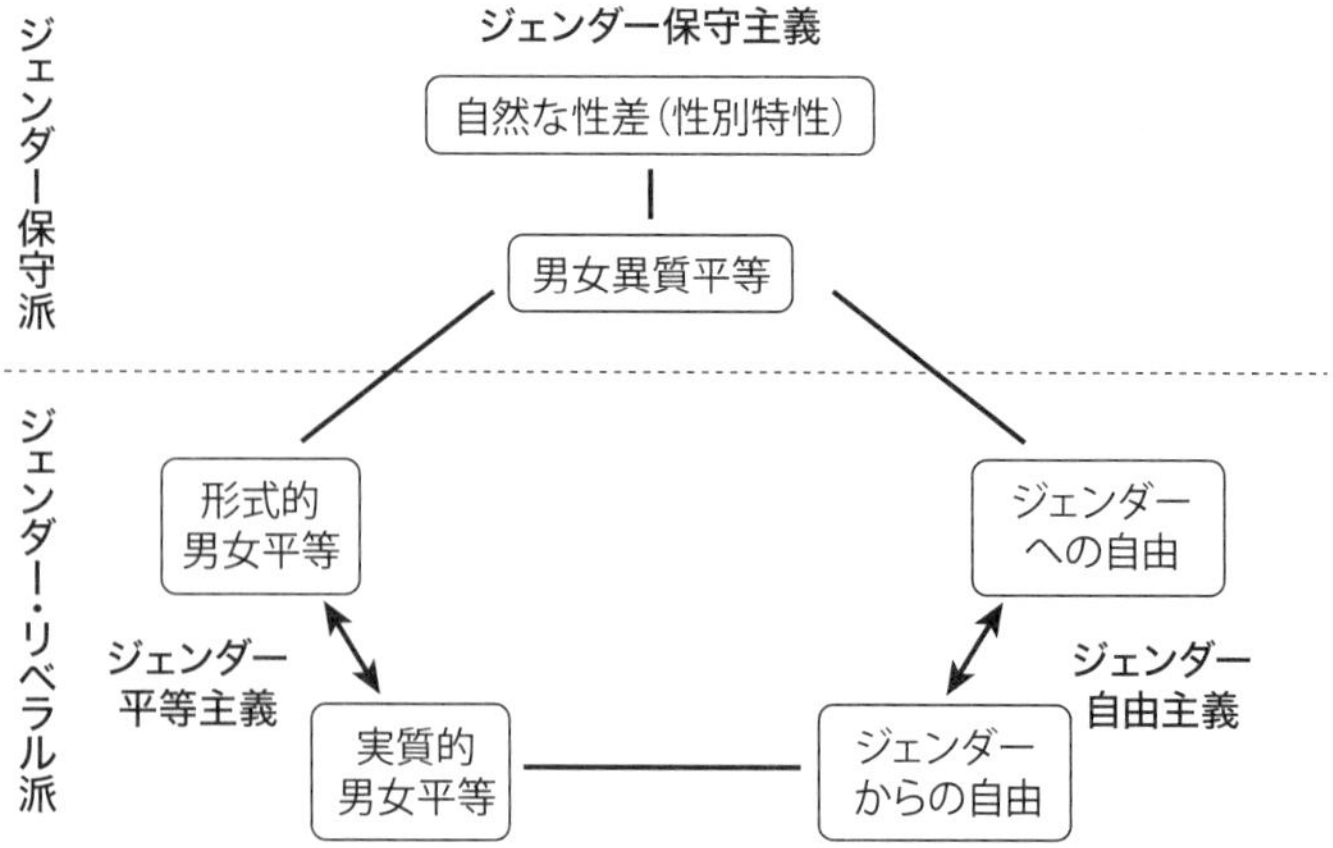

図 4-1　ジェンダーの正義に関わる諸立場の相互関係
※実線は両立しうる関係、両矢印は反発し合う関係を表す

の困難は、それに対するジェンダー保守派からの反発が根強いという現実的問題だけでなく、そもそもその教育論の内部に「自由と平等のアポリア」を抱えながらも、どこかで自由と平等の予定調和を素朴に想定してきたという理論的問題からも生じているのではないか、という点である。これまでにも、「男女平等教育」の名の下で「個性尊重」を謳ったり、「ジェンダー・フリー教育」の名の下で「男女平等」を目指したりする議論や実践が当然のように行われてきた。確かに、本章で述べたように、男女の形式的な機会平等と選択の自由のみを尊重し、結果にはこだわらないのであれば、自由と平等を論理的に矛盾なく両立させることは可能である。しかし、結果の男女平等や実質的な男女平等の側面を無視できなくなったとたんに、その予定調和は保証されなくなる。

もっとも、論理的には矛盾があっても、実践的レベルでは文脈に応じた柔軟な対応により、児童生徒をより望ましい方向へ導いていくことは不可能ではない。この点については次章で確認することにしよう。

最後に、〈男女平等教育〉が、学習者をジェンダーの正義に関する「正解」へと導くものであるならば、ジェンダーの正義の定義をめぐる争いが続いている現状で、〈男女平等教育〉を行うことは困難かもしれない。しかし、「男女平等をめざす教育」の前に、まずは「男女平等を考える教育」（森 2005）から始めてみる、という発想もありえる。こうした発想に立つならば、男女のあり方をめぐる今日の混乱は、〈男女平等教育〉の阻害要因というよりも、むしろ格好の教材であるとさえいえるかもしれない。そこでは、ジェンダーの正義に関する唯一の「正しい」理解を学習者に伝達することよりも、学習者がジェンダー問題について将来にわたって多角的に考え続けられる力を育てていくことが重視されるだろう。男女のあり方をめぐる異なる価値観が錯綜する状況であるからこそ、一見回り道に見えるこうしたタイプの教育実践の中からさまざまなジェンダー問題解決への糸口が見つかるかもしれない。そうした教育実践においては、自らがジェンダーの正義に関してどのような立場をとるにせよ、特定の価値観から一旦離れてさまざまな立場の相互関係を客観的に分析するという態度も必要とされるのではないだろうか。

第5章

個性尊重のジレンマ
―〈男女平等教育〉の実践事例から―

学校での〈男女平等教育〉が広がりつつあるが、それは常に十分な成果を上げているわけではない。その理由として、実践者の理解不足や力量不足、あるいは趣旨を理解しない他の教員や保護者たちからの反発が挙げられることが多い。しかし、実は意外にも〈男女平等教育〉のコンセプト自体に、その困難の原因が存在しているということはないだろうか。全校を挙げて〈男女平等教育〉に取り組んだ小学校での事例に基づいて、この問題を考える。

1 〈男女平等教育〉の広がり

従来の教育社会学において、学校とジェンダーに関する研究は、教師と児童・生徒の関係をめぐって、主として二つの理論的立場から行われてきた。

一つは、子どもを「ジェンダー形成の客体」ととらえる立場である。社会学における伝統的な子ども研究のパラダイムである「社会化」(socialization) の考え方に依拠するならば、学校は「性役割の社会化」の主要機関であり、そこで子どもは、「社会化エージェント」である教師との相互作用を通して性役割を内面化すると見なされる。日本の学校における「性役割の社会化」研究は、１９８０年代後半以降、「隠れたカリキュラム」と「学校の内部過程」に着目した「ジェンダーと教育」研究と呼ばれる一連の研究によって発展を遂げてきた（天野 1988：森 1992 など）。たとえば、教科書に描かれる固定的な男女像や、教員の職階・担当教科における男女の偏りの実態が明らかにされるとともに、それらが子どもたちの性役割モデルとして機能することが指摘された（伊東他 1991：井上・江原 1999：130）。また、教師―子ども関係に焦点を当てた実証的研究は、教師が、性別カテゴリーを、意図的なしつけや教育目標としてではなく機能的な統制上のストラテジーとして使用することで、結果的に「性役割の社会化」が生じていることを明らかにしてきた（森 1989：宮崎 1991）。

それに対して、１９９０年代半ばになると、子どもを「ジェンダー構築の主体」としてとらえる立場からの研究も見られるようになった。これらの研究においては、教師や他の子どもとの相互作用を通して、子どもがジェンダー秩序を積極的に構築する過程が明らかにされた。たとえば、女子よりも男子の方が教師との相互作用量が多いという傾向は、教師の女子に対する配慮の不足のみならず、女子に対する主導権を握ろうとしたり、教師の注意をより引こうとしたりする男子の積極的行為によっても生じていることが小・中学校で確認された（木村 1997：氏原 1996）。また、幼稚園・保育所や学童保育の場では、子どもたちが、メディアや大人によって伝えられるジェンダーのメッセージを自らの生活世界に適用しながらジェンダー規範を主体的に構築する一方で、場合によっては既存の規範を攪乱し変容させていることも確認された（藤田 2004, 2015：片田孫 2014）。

こうして、学校とジェンダーに関する研究は、「ジェンダー形成の客体としての子ども」と「ジェンダー構築の主体としての子ども」という二つの理論的立場から、学校におけるジェンダー秩序のあり様を描き出してきた。

ところで、これらの研究は、いずれの理論的立場であれ、「男女の区別や分離」「性別役割分業」「男性優位」といったいわゆる「伝統的ジェンダー規範」が学校において支配的であることを暗黙のうちに前提としてきた。しかし、2000年代以降の学校におけるジェンダーをめぐる状況は大きく変化している。これらの研究の成果が教師たちにフィードバックされることで、それまでの「性別特性論」に立った教育実践とは異なる、「隠れたカリキュラム」に敏感な視点からの新しいタイプの男女平等教育（以下〈男女平等教育〉と表記）に取り組む動きも見られるようになってきた（亀田・舘 2000）。また、

2000年に制定された「男女共同参画基本計画」（第1次）に、男女平等の視点からの教材への配慮、児童生徒一人ひとりの個性の尊重、学校運営などにおける固定的性別役割分担の見直しなどが盛り込まれたように、〈男女平等教育〉の実践が公的に求められるようになった。[1]

では、〈男女平等教育〉の実践は、教師自身や子どもたちにどのような変化をもたらしてきたのだろうか。それによって、学校のジェンダー秩序には大きな変化が生じているのだろうか、それとも、そうした実践にもかかわらず、依然として旧来のジェンダー秩序が再生産されているのだろうか。これまで、自主的に〈男女平等教育〉に取り組んできた教師たち自身による実践報告[2]を別にすれば、「男女平等」を全校的な価値に掲げた学校環境のもとでのジェンダー秩序の構築について詳細に研究したものはそれほど見られない。[3]

1　ここでの〈男女平等教育〉とは、第4章で「ジェンダー・リベラル派」と括った立場からの教育に相当し、「ジェンダー平等主義」と「ジェンダー自由主義」の両方の視点をあわせもった立場からの教育である。

2　たとえば、日本教職員組合教育研究集会第16分科会「両性の自立と平等をめざす教育」には、組合員が各都道府県で行った「ジェンダー平等教育」の実践報告が毎年数十件程度寄せられている。

3　数少ない本格的な研究の一つとして、木村育恵（2014）は、小中学校でのフィールドワークに基づいて男女平等が教育現場に根づきにくい理由を教師の側に照準して探求し、その理由を「性別特性論」の根強さ、男女平等教育の優先度を低くせざるをえない多忙化状況、「学級閉鎖性」や「集団同一歩調」といった教師文化、公的な男女平等研修の不十分さなどに見出している。本章では、教師文化や取り組みの不徹底とは異なる、「男女平等」のコンセプトそれ自体が抱える構造的要因から、「男女平等」が根づきにくい背景について検討している。

そこで本章では、教育委員会から〈男女平等教育〉の研究指定を受けた小学校でのフィールドワーク・データをもとに、「男女平等」が公的に支配的価値となっている学校環境におけるジェンダー秩序の構築過程を明らかにする。具体的には、「男女平等」が公的な教育目標になったことにともなって生じた教師と児童の変化と、依然として見られる旧来のジェンダー秩序が構築されている様子の両方を描き出す。そして、「男女平等」が公的な教育実践上の目標とされているにもかかわらず、なぜその効果は限定的なのか、いかにしてそうした実践が無効化されているのかを考察する。以下では、まず調査の概要を述べた後、調査対象校における〈男女平等教育〉の概要とその成果について述べる。続いて、〈男女平等教育〉の取り組みにもかかわらず児童の行動において依然として見られる性別パターンを確認し、その背景として「個性尊重」の理念の影響を指摘する。そのうえで、実践レベルで「男女平等」と「個性尊重」を両立できる可能性について考える。

2　調査概要と対象校の取り組み

調査の対象と方法

本章で使用するデータは、２０００年度から２００２年度にかけて、九州のとある中規模都市Ｐ市の教育委員会から〈男女平等教育〉の研究指定を受けたＬ小学校でのフィールドワークを通して得られたものである。
P市では、かねてより近辺の自治体に比べて〈男女平等教育〉への取り組みが活発であり、調査を行った2002年度の時点で、すべての市立小学校と、2校を除くすべての市立中学校で男女混合名簿が採用されていた。また、市教育委員会の指導のもと、小中学校の教師たちによって独自の〈男女平等教育〉の手引書や副読本も作成されていた。L小学校の校区はこの市の郊外に位置しており、もともとは農村地域であったが、徐々に宅地化が進み、調査時にはマンションや一戸建て住宅が建ち並んでいた。2002年4月時点でのL小学校の教職員数は約30名、児童数は約550名、各学年3クラスずつの学級編成となっていた。[4]
筆者は、2001年11月から2002年10月までの1年間、「助言者」としてL小学校の取り組みに参加し、次のような方法でデータを収集した。第一に、L小学校から、学校経営要項など学校に関する基本的資料と、「研究実践」の指導計画や年次研究報告書などを得た。第二に、2002年1月に全校一斉に行われた「公開授業」の際に、全学級の授業をそれぞれ2~15分間観察し、その様子をビデオカメラで撮影。第三に、同日開催された「検討会」に出席し、研究主任の教員による研究構想の説明、授業担当教員らによる授業の自己評価、教育委員会指導主事による講評などを聞き、その様子を

4　P市とL小学校の特定を避けるため、市内の小学校と中学校の数はあえて記しておらず、L小学校の教職員数と児童数も概数のみ記している。

テープに録音。第四に、同年8月に、L小学校で、校長、教頭、研究主任（3人とも男性）に対する1対3のインタビュー調査を行い、約2時間のやり取りの様子をテープに録音。第五に、同年10月に開催された全校一斉の「公開授業」で、前年と同様に全校の授業をそれぞれ1～15分間観察。第六に、L小学校に通う中学年のある男子児童の保護者1名に対してインタビューを行った。[5]

〈男女平等教育〉の取り組み

L小学校では、〈男女平等教育〉を進めるにあたり、「研究主題」「めざす子ども像」「育てたい資質・能力」の三層からなる詳細な「研究構想」が練られていた。具体的には、研究主題としては「自分らしさが発揮できる子どもを育てる男女平等教育の創造」というメインタイトルと「お互いの思いや考えを大切にする授業づくりを中心に」というサブタイトルを掲げ、「めざす子ども像」としては「性別にとらわれず、自己の能力を発揮し、個性的・創造的に生きる子ども」を掲げ、「育てたい資質・能力」としては「広く豊かな心」「性差の認識[6]」「生活に生きる実践的態度」の三つを掲げていた。

これらの目標の達成をめざすL小学校のさまざまな取り組みは、大きく分けて次の二つの方向での取り組みとして把握される。一つは、ジェンダーに中立的な環境整備、すなわち「隠れたカリキュラ

5　本データの使用については、当時のL小学校校長から、学校名や個人名を匿名とすることを条件に学術研究として発表してよい旨の許可を得た。
6　ここでは「性現象に対する適切な理解」というような意味で用いられている。

ム」をジェンダーの視点から点検し、学校環境における「伝統的ジェンダー規範」と教師のジェンダー・バイアスを解消するという方向での取り組みである。例として、以下のような取り組みが挙げられる。「男女混合名簿」「靴箱やカバン棚の名簿順配列」「身長順や名簿順での整列」「名札や上履きの性による色分けはしない」「あらゆる学校生活の場面では男女とも「さん」付けで呼びかける」「教室の席の配列、体育のチーム分けは性別に関係なく行う」「学習グループや委員会活動は性別で比率を設けず子どもの関心に沿って選択させる」「教師は、男女でほめ方・しかり方を同等にするよう心がけ、授業中の指名回数なども男女同等にする」「教職員の性別役割分担を解消する」。

もう一つの方向での取り組みは、性別にとらわれない態度形成、すなわち授業や生活指導を通して、児童たちに、「伝統的ジェンダー規範」にとらわれることなく自己や他者の個性を尊重し伸ばしていける態度を身につけさせようとするものである。これについては、年間指導計画に基づいた体系的な取り組みがなされており、各学年の児童たちが、各教科を学ぶなかで、年間を通して一連の「男女平等」に関する学習をし、さらにそれが次の学年へと引き継がれていくような指導計画が構成されている。筆者が観察した二回の「公開授業」は、こうした一連の取り組みの一部として位置づけられる。

3 ジェンダー秩序の変化と持続

男女平等主義の浸透

こうした取り組みの結果、L小学校では、次のような変化が確認された。まず、教師たちの取り組みによって、児童を取り巻く環境は大きく変化していた。名簿は「研究実践」の開始以前から男女混合であったが、その名簿順に靴箱やカバン棚が配列され、集会での整列、教室での席の配列、グループ分けにおいて性別を基準として用いないことが徹底されていた。また、名札、上履き、ランドセルなどの性別による色分けも制度上は廃止されていた。これらにより、学校生活において、男女が空間的に分離される機会と、男女を視覚的に区別するフォーマルな指標がいちじるしく減少していた。

教師たちへのインタビューからは、子どもたちの役割モデルとして機能するとされてきた教師たち自身の行動にも変化が見られることがうかがえた。たとえば、従来は運動会の大道具を運ぶのは暗黙のうちに男性教員の仕事となっていたが、「研究実践」を始めてからは男女教員が協力して運ぶようになったという。また、インタビューの数日前も、器楽祭の準備のため、オルガンを三階から一階の体育館へ運ぶ作業があり、従来であれば教員を招集する際に「男の先生お願いします」と言っていたのが、「お手すきの先生お願いします」という言い方に変わり、女性教員も参加したという。

こうした児童を取り巻く環境の変化を受けて、児童たちの間にも変化が見られていた。教師たちによれば、取り組みを始めてから、児童たちの間で、男女が一緒に遊んだりグループ活動をしたりすることが増える一方で、「伝統的ジェンダー規範」から逸脱した行動に対する表立った批判が見られなくなってきたという。これについて、校長は次のように語った。[7]

これまでは、男の子と女の子を一緒のグループにしたら、お互いが「うえー」「いやーって」言っていましたが、そういうのを聞かなくなりました。もう、それが当たり前。目的を同じにして集まったグループっていうことで、それが男女三対一だろうが、二対二だろうが、そういう抵抗はあまり強くなくなった、そう思います。

以前は、応援団の団長さんに女性が立候補したときに、「えーっ」ていう声が自然に上がるような雰囲気があったと思うんですよ。ところが今のうちの学校には、女の子が立候補したこと自体については「えーっ」ていうような、そういうような声は上がらない。その子が言っている「こういう応援団にしたい」という決意表明のような、その迫力と中身とでみんなが決める。男であるか女であるかに関わりなく、その子がどれくらいのやる気とビジョンをもっているかということで決まっていく。

7　教師の発言の引用部分では、限られた字数で意味をわかりやすくするため、発言の趣旨を変えない程度で語順を入れ替えたり、方言をはじめとして表現を改めたりしている箇所がある。

さらに、児童の固定的な性別分業意識が低下している傾向もうかがえた。L小学校では、〈男女平等教育〉の研究実践が開始された２０００年度の六年生と、最終年度にあたる２００２年度の六年生に、同じ質問項目を用いた意識調査を行っている。それによれば、「料理や掃除や洗濯は女がするべきだ」と思う者の割合が少なくなり、逆に「それらは男女どちらともがするべきだ」と考える者の割合が増えていた。両年度の六年生の回答を比べてみると、「女がするべき」と答えた者の割合は、「料理」（21％→14％）、「掃除」（８％→５％）、「洗濯」（29％→８％）のいずれにおいても２００２年度生の方が低くなっているのに対し、「男女どちらともがするべき」と答えた者の割合は、「料理」（69％→72％）、「掃除」（81％→89％）、「洗濯」（56％→89％）のいずれにおいても２００２年度生の方が高くなっていた。確かに、「男女どちらもするべき」と答えた児童が皆「心の底から」そう考えているとは限らず、一定程度の児童が、〈男女平等教育〉の文脈で期待される「正解」を意識して答えている可能性も否定できない。しかし、たとえそうであっても、少なくとも、固定的な性役割にこだわるべきではないと考えることが自分たちに求められていることを学習している児童の割合が増えていることだけは事実であろう。

児童の行動における性別パターン

このように、L小学校では、〈男女平等教育〉の取り組みによって、児童を取り巻く環境や児童たち自身の態度に大きな変化が見られていた。しかし、その一方で、児童たちの行動をより注意深く観察してみると、依然として男女で顕著に異なるパターンも確認された。

先述のように、L小学校では、あらゆる持ち物の色を男女で区別せず自由に選ばせていた。それにもかかわらず、ランドセルに関しては、女子のほとんどは赤を使っており、男子のほとんどが黒を使っていた。たとえば、2001年度の三年生のある学級では、女子全員が赤いランドセルを使っており、男子では数名が青を使っていたがそれ以外は全員黒を使っていた。

上履きの色に関しても、ランドセルに比べればいくらかバリエーションがあるものの、ほとんどの女子は赤を履き、ほとんどの男子は青を履いていた。たとえば、2001年度の「中間発表会」公開授業における観察の際、五年生のある学級では、教室の後方に座席があった16人の児童のなかで、赤以外の上履きを履いた女子、青以外の上履きを履いた男子を確認することはできなかった。校長によれば、〈男女平等教育〉の取り組みを始めてから、年々少しずつ青と赤以外の上履きを履く児童が増えており、とくに低学年ではその傾向がいちじるしいとのことだったが、青を履く女子や赤を履く男子は依然として見られないようであった。[8]

さらに、L小学校では、係や活動班を、性別にかかわりなく児童本人の関心に沿って選択させており、教師たちによれば、男女の混合化がかなり進んでいる学級もあるということだった。しかし、

8　確かに、持ち物の色に関しては、市場に出回っている商品の多くがいわゆる「男の色と女の色」に色分けされていることが多いが、調査時には、L小学校のあるP市でも、赤と黒以外のさまざまな色のランドセルや、白・黄色・緑などの上履きを店頭で容易に購入することができていた。

2001年度の五年生のある教室に貼ってあった係の一覧を観察したところ、七つの係班のうち、男女混合の班は「スポーツ係」（女子2人、男子3人）と「環境係A」（女子3人、男子1人）の二つだけであり、「集会係A」（4人）、「集会係B」（4人）、「環境係B」（4人）は女子のみ、「スポーツ準備係」（7人）、「集会係C」（4人）は男子のみで構成されていた。

このように、教師たちによってジェンダーに中立的な学校環境の整備とジェンダーにとらわれない態度形成が促されているにもかかわらず、児童たちの行動には、依然として、男女で顕著に異なるパターンが確認された。これはなぜなのだろうか。

こうした問いに対しては、いくら全校を挙げて「徹底的」ともいえる取り組みを行ったとしても、価値観や行動が変化するにはかなりの時間を要するのだから、たかだか2、3年の間に児童の行動のあらゆる側面が変化するはずがないという回答もありうるだろう。また、教師たちの取り組みが徹底されていなかった側面も否定できない。確かに、公開授業の後の「検討会」では、教師たちから「うっかりすると男子を「くん」と呼んでしまうことがある」とか「男女分け隔てなく接しているつもりではあるが、本当にそうなっているかと問われると自信がない」といった発言も聞かれた。

しかしここでは、さらに一歩進んで問いを立ててみたい。では、仮に児童の変化にかなりの時間がかかるとすれば、それはなぜなのだろうか。また、仮に教師たちの取り組みが徹底されていないとすれば、それは単に教師の努力不足だけに起因するものなのだろうか。もし、教師が徹底した取り組みを行うことを困難にする何らかの要因があるとすれば、それはどのようなものなのだろうか。

フィールドワークで得られたデータを点検していくなかで、これらの問いへの回答として、少なくとも次の三点が浮かび上がってきた。①「男女平等」と「個性尊重」をめぐるジレンマ、②児童集団の影響力、③家族との関係である。以下、順に詳しく見てみよう。

4　〈男女平等教育〉における困難の背景

「男女平等」と「個性尊重」をめぐるジレンマ

先に述べたように、L小学校の研究実践における〈男女平等教育〉とは、決して男女をまったく同じにすることを目指しているわけではない。研究主題のサブタイトルに掲げられた「自分らしさの発揮」や、「めざす子ども像」に見られる「個性的…に生きる子ども」という表現に見られるように、「伝統的ジェンダー規範」にとらわれず、児童それぞれが「個性」を発揮できることを目指しているのである。ところが、この「個性尊重」という〈男女平等教育〉の中核に据えられた基本的方針が、皮肉にも教師の児童に対する「男女平等」へ向けた積極的な働きかけをためらわせていることを示す事例が見られた。

児童を社会化される存在としてとらえる立場に立てば、多くの児童は、小学生の時点ですでにある程度の「伝統的ジェンダー規範」を身につけており、それに沿った好みを形成していると考えられる。

たとえば、先の三年生のあるクラスでは、黒いランドセルを使っている男子が、黒を買った理由として「赤より黒が好き」と答えていた。したがって、たとえ学校環境が完全にジェンダーに中立的であったとしても、児童たちが「伝統的ジェンダー規範」に沿って形成されている好みに従って「自分らしい」選択を行えば、それは結果的に「性別にとらわれた」選択と変わりがなくなってしまう。

もちろん、L小学校では、こうした結果を「個性尊重」として放置しているわけではない。そうした「自分らしい」選択の背後にひそむ「性別へのとらわれ」に気づかせ、より「自分らしい」選択ができるよう児童に働きかけている。しかし、そうした取り組み自体において、教師はある種の困難に直面していた。

たとえば、先に述べた2001年度の三年生の「公開授業」では、ランドセルの色が赤と黒に偏っている一方で、筆箱や洋服など他の持ち物の色はさまざまであることを確認させ、必ずしも性別によって色が決まっているわけではないことを児童に気づかせようとしていた。そして最後に、ランドセルの絵に好きな色を塗って自分だけのオリジナルランドセルをつくらせる作業を行わせていた。ところが、女子5人で構成されたある活動班では、全員がランドセルを赤で塗っていた。担任教師は、問題を感じながらも、とりあえずはそうした児童の「自分らしい」選択を尊重するしかなかった。

ここで教師が抱えている困難は、児童の「自分らしい」選択が本当に「性別にとらわれていない」のかどうかを論理的に判断することが不可能であるという点にある。たとえば、赤いランドセルを男子児童が選んだ場合や青い上履きを女子児童が選んだ場合には、「性別にとらわれない」「自分らしい」

選択ができているとの判断が迷わず下されるだろう。しかし、男子が黒いランドセルを選び女子が赤い上履きを選んだ場合、それが「性別にとらわれた」選択なのか、それとも「性別にとらわれない」「自分らしい」選択をした結果たまたま男性向き／女性向きとされる色になったのかを論理的に判断することはできない。たとえ本人が「性別にとらわれていない」と答えたところで、そうした選択に「伝統的ジェンダー規範」が全く関与していないとは必ずしもいいきれない。かといって、それを「性別にとらわれた」選択だと決めつけてしまうこともできない。

研究主任の教師は、性別にとらわれず自分のやりたい仕事を考えてみる授業のなかで、性別にとらわれた選択をしていると思われる児童に対する働きかけの難しさを次のように語った。

たとえば、将来大工さんになりたいという男子に対して「男だから大工さん選んだんじゃない？　それはおかしいよ」とは言えないですよね。できるとすれば、たとえば将来市長になりたいから女性市長を見つけて話を聞いて調べたいという女子の行動を望ましいものとして評価し提示すること。そうしたことを繰り返すことで、「あっそうか、自分も男だから大工さんの仕事を選んだけど、そうじゃなくって、自分のしたいことを考えていくのも大事なんだなあ」ということを実感させて、サポートしていくしかないだろうなあって思います。

児童集団の影響力

児童を主体的な行為者としてとらえる立場から見れば、児童らが学校における自らの行為のあり方を決定する際に考慮する対象として、教師に劣らず重視していると思われるのが、他の児童の存在である。L小学校の「研究構想」においては、この点についても考慮されており、「性別にとらわれた」他の児童のサンクションによって各児童の選択が「性別にとらわれた」ものにならぬよう、先に示したように、研究主題のサブタイトルとして「お互いの思いや考えを大切にすること」を掲げて指導に当たっている。すなわち「自己の思いを大切にする」ことと同時に「他者の思いを大切にする」ことをも重視しているのである。そして、先に見たように、教師たちの観察によれば、「伝統的ジェンダー規範」から逸脱した行動に対して、表立った反発はほとんど見られなくなっていた。

しかし、そうであっても、児童の側にしてみれば、必ずしも他の児童からの評価を気にかけず「自己の思い」に従って自由に行動ができているわけではないようである。インタビューを行った母親の息子は、「もしあなたがピンク色のシャツを着て学校に行ったらどんな感じか」との母親の問いに、「ピンクなんか着ているヤツはいないし、着ていったら変なこと言われちゃう」と答えていた。母親によれば、彼の学級には人気があるリーダー格の男子がおり、そうした男子が「伝統的ジェンダー規範」から逸脱した行動をしても人気があるゆえに認められるが、彼女の息子のように必ずしも学級内で強い発言権や人気のない子どもの場合、目立つ色や着慣れない色の服を着ていくことには抵抗があるようだ、とのことだった。

この事例は、次の二点において、アメリカの小学校で参与観察を行ったB・ソーンの指摘と一致している。第一に、児童たちは、場に応じて異なる仕方でジェンダーを構築しうるという点である（Thorne 1993 : 29-47）。ソーンによれば、児童集団におけるジェンダーの可視性の度合いは状況に応じて異なっており、大人がいるときに比べて子どもだけになったときの方が、男女間での分離が顕著な傾向にあるという。先に述べたように、L小学校においても、教師が一緒にいて「男女平等」の規範が支配的な場においては、同性同士で固まったり男女を「伝統的ジェンダー規範」に沿って差異化したりする児童たちの行動が目につくことは少なくなっていた。しかし、だからといって、教師の目の届かない場においても、児童たちが同じように行動しているとは限らないだろう。また、「伝統的ジェンダー規範」から逸脱した行動に対する表だった反発がなくなったからといって、他の児童からの暗黙の評価が気になって「伝統的ジェンダー規範」に従ってしまう児童がいる可能性を否定することもできない。

第二に、「伝統的ジェンダー規範」から逸脱した行動を取れる可能性の度合いは、児童集団におけるその子どもの権力関係上の地位に大きく影響されるということである（Thorne 1993 : 111-134）。とくに、クラスのなかで「弱い」立場にある子どもは、「性別にとらわれない」選択を勧める教師たちの働きかけにもかかわらず、他の児童からの評価を気にしつつ多数派に合わせて無難にその場を乗り切ろうとしているのかもしれない。先のオリジナルランドセルの例でも、その班の女子全員が本当に赤が好きだったとは必ずしもいえず、自分だけ赤以外の色を塗ると他の児童から否定的に見られることを恐れて他の児童に同調した可能性も否定できない。

「重要な他者」としての家族

児童たちにとって、学校は唯一の生活の場ではない。児童たちの価値観や行動パターンは、学校だけでなく、家族、マスメディア、友人や近隣の人々など、さまざまな他者からの期待や承認を通して形成されているものである。したがって、児童の価値観や行動パターンを変化させようとする教育的な働きかけは、結果的に、児童とそうしたさまざまな他者との関係のあり方や、児童によるそれらの他者の意味づけの変更を迫るものにもなる。

こうしたさまざまな他者のなかでも、家族は、児童にとって最も「重要な他者」(significant others)(Mead 1934=1973)であり第一義的な「準拠集団」(reference group)(Merton 1949=1961)である。そのため、ジェンダーに関わる価値観や好みの形成における家族の影響は計り知れない。したがって、もし、児童たちの家族の実態が「男女平等」の理想とかけ離れていたり、そこで「男女平等」に反するしつけが行われていたりすれば、それらによって、学校における〈男女平等教育〉の推進が阻害される可能性が高い。

実際に、L小学校が目指す「男女平等」の理想と児童の家族の実態の間には、大きなギャップがあるようだった。たとえば、先に述べた三年生の学級では、男子が黒、女子が赤のランドセルを使っている理由として、多くの児童が「おうちの人が決めた」とか「おじいちゃん、おばあちゃんからもらった」などと答えていた。また、研究主任の教師によれば、男女とも「さん」づけで呼ぶという実践に対して「なぜ「さん」づけで統一する必要があるのか、男は「くん」でよいではないか」という批判が保護者から寄せられたり、授業で「男女とも家事を担うべきだ」と説いたところ、その児童が保護者から「うちではお父さんが外で仕事をしてお母さんが家で家事をしているのだからお父さんは家事をする必要はない」と言われたりすることも珍しくなかったという。

教師たちは、そうした児童たちの家族のあり方の否定につながるような教育をすることには二の足を踏んでしまう。先に述べたように、〈男女平等教育〉の基本的要素に「個性尊重」が位置づけられていることから、家族のあり方に関しても「正しい」あり方はないということになり、教師たちは個々の家族のあり方を尊重せざるをえない。また、家族は、児童にとって最も親密で「重要な他者」であるため、子どもの気持ちを考えるならば、教師といえども、マスメディアを批判するのと同じように家族のあり方を批判することには気が引ける。さらに、保護者からの反感を買ってしまえば、〈男女平等教育〉にとどまらず、学校運営や教育活動全般にわたって支障を来すことにもなりかねない。

研究主任の教師の発言からは、〈男女平等教育〉が、ともすれば児童の家族のありかたの否定につながりかねないこと、かといって、それぞれの家族のあり方を尊重しようとすると、性別にとらわれない態度形成のための積極的な働きかけが不十分になることに苦慮している様子がうかがえる。

揚げ足をとってしまうような授業をしてしまったら、たとえば「男色・女色」について学習するときに、「あなたたちのランドセル見てごらん。男は黒ばっかり、女は赤ばっかりだろ。なんでそんな色を買うんだ。」っていうような言い方をしてしまったら、それを買ってくれたおじいちゃんやおばあちゃんのあり方を否定してしまうことになりますからね。

家庭が変われば望ましいんだけど、現実として、必ずしも〈男女平等教育〉は地域や校区で大歓迎で受け入れられているものじゃないので、そこが難しいところですね。だから、「おうちではお父さんは仕事、お母さんは家事なんだろうけど、あなたたちはいろいろと技術を身につけていこうね」っていうようなところでうまくごまかしているのが現状ですよね。

5　平等と個性の調和を目指して

これまで見てきたように、L小学校では、ジェンダーに中立的な学校環境づくりと、ジェンダーにとらわれない児童の態度形成に全校を挙げて取り組んでおり、その徹底ぶりは当時としては他に例を見ないほどであった。それにもかかわらず、児童たちの行動の一部には、男女で顕著に異なる行動パターンが見られた。各事例の検討からは、そうした行動パターンが生じる背景として、児童らが、①すでに男女で異なる志向パターンを形成している傾向があること、②他の児童からの暗黙の評価を気にして「伝統的ジェンダー規範」に従っている可能性があること、③家族成員のもつ価値観をたとえ内面化せずとも少なくとも尊重していること、の三点が推察された。そして、教師たちは、男女で異なる志向や行動のパターンに問題を感じながらも、「個性尊重」という基本的方針のために、踏み込んだ指導をしにくい状況に置かれていた。

「個性尊重」は、2000年代以降の新しい〈男女平等教育〉の実践にとって、二つの意味で決して除外することのできない基本理念である。一つは、それが旧来の「性別特性論」との差異化を図るうえで鍵となる理念だからである。男女は生まれながらに異なる「特性」をもっていることを前提としてそれらを伸ばしながら互いを尊重するという「性別特性論」においては、一人ひとりの「自分らしさ」は、「女らしさ」「男らしさ」という二分法的な人間形成の型へと押し込められざるをえなかった。そうした「性別特性論」への批判に基づいて生じた新しい〈男女平等教育〉にとって、「個性尊重」は自己の存在証明の一つでもあった。

もう一つ、「個性尊重」が、1990年代後半からの公的な教育政策理念として位置づけられるようになったことも、〈男女平等教育〉がそれを除外できない理由の一つであろう。たとえば、1996年の第15期中央教育審議会第一次答申「21世紀を展望した我が国の教育の在り方について」では、「教育は、『自分さがしの旅』を扶ける営み」であるとして、「個性尊重という基本的な考え方に立っ」た「一人一人の能力・適性に応じた教育を展開」する必要性がうたわれた。新しい〈男女平等教育〉に対する疑問や反発の声も上がるなかで、教育理念として公的な承認を得た「個性尊重」を掲げることは、

〈男女平等教育〉の正当性を示すうえで格好の手段でもあった。

ところが、その「個性尊重」を基本理念に掲げていることが、皮肉にも〈男女平等教育〉実践に困難をもたらしていた。第4章でも検討したように、〈男女平等教育〉にとって、「個性尊重」を掲げたとたん、「自由と平等のアポリア」に直面することは原理的には不可避なのである。

しかし、「男女平等」と「個性尊重」という二つの理念が原理的には矛盾し合うとしても、実践の場において、両者の間で文脈に応じた微妙なバランスを取りながら、両方の実現を目指していける可能性は残されているのではないだろうか。

本章の前半で述べたように、L小学校では、たった数年の取り組みによって、ジェンダーに関わる児童の意識や行動パターンにさまざまな変化が生じていたことも事実である。また、前節までに引用したインタビューの語りからもわかるように、L小学校の校長や研究主任は、「男女平等」と「個性尊重」が必ずしも予定調和でないことを、実践を通してしっかりと認識していた。そのうえで、次の研究主任の発言に象徴されるように、L小学校の教師たちは、前向きに、かつ地道に実践に取り組んでいた。

現実を否定するんじゃなくて、展望をもてるような授業をというようなことで考えています。…まずは子どもを通して、少しずつっていうところですね。

その場その場で生起するジェンダー現象が、児童の学びや人間形成にいかなる影響を与えうるのかを熟考し、子どもにとっての最善の指導とはいかなるものかを文脈に応じて考えながら柔軟に対応する。そうした意味では、L小学校の実践は、「ジェンダーに敏感な教育」の最も優れた実践例の一つといえるのではないだろうか。

第6章

分けるか混ぜるか
――別学と性別特性をめぐる言説の錯綜――

男女別学の学校がどんどん減少し、〈男女平等教育〉の実践が広がる一方で、男女別学のさまざまな効果や、男女の生物学的特性をふまえた教育の重要性を主張する声も大きくなりつつある。これらの主張は、単なる伝統への回帰を目指しているだけなのだろうか。それとも、ジェンダーと教育に関わる実践に新たな課題を提起しているのだろうか。別学や特性を強調する近年の代表的な議論を比較しながら検討を行う。

1 別学論と特性論

教育におけるジェンダー問題において、しばしば議論の的となり、しかも議論が平行線をたどりがちな争点に次の二つがある。一つは、男女別学と男女共学のどちらがよいのか、もう一つは、男女は生まれながらに異なる特性をもっているのかどうかである。

以下で詳しく述べるが、戦前の日本の学校教育では、原則として男女別学であり、少なくとも中流以上の階層においては、男女は近代的性別分業に沿った異なる役割を果たすよう教育されることが求められていた。戦後には、[1]すべての公立小中学校とほとんどの公立高等学校で男女共学となったが、一部の公立高等学校と多くの私立学校では別学体制が維持されてきた。また、公的な教育施策や共学校の教師たちの意識にも、男女が異なる特性を有することを前提としてそうした特性を伸ばそうとする「性別特性論」が色濃く反映されていた。

こうした潮流には、男女共同参画社会基本法が制定された1990年代末頃を境にして一定程度の

1　戦後の新制高等学校での共学の採否は各校の自由裁量となった。多くの地区では、アメリカ占領軍「軍政部の強硬な指示によって半強制的に」公立高等学校の「共学を完全実施」したが、共学実施について寛大な措置をとった第九軍団軍政部が管轄した、東京を除く関東と東北では、多くの公立高等学校で別学体制が維持された（橋本 1992：303-307）。

変化が見られるようになった。戦後長年にわたって別学体制を維持してきた高等学校の多くは、共学に転じるようになった。[2]また、「性別特性論」を批判し男女の固定的性別分業の解消を指向する新しいタイプの〈男女平等教育〉の取り組みが、公的施策の後ろ盾を得て行われるようになった（第4章、第5章参照）。

ところが、こうした動きが見られるようになって間もなく、別学や、性別特性を考慮することの意義を主張する言説が台頭してきた。それらのなかには、〈男女平等教育〉に対する反発から、「伝統的」性別役割と男女の特性を重視する旧来の教育に回帰させようという保守派の言説も含まれていた。[3]しかし同時に、単なる保守回帰では片付けられないような新しい論点を含み、従来のジェンダーと教育

2　1975年には全国で392校（女子校213校、男子校179校）あった公立高等学校の別学校は、1989年には272校（女子校180校、男子校92校）となり、2014年には47校（女子のみ在籍38校、男子のみ在籍19校）にまで減少している（橋本 1992：374；文部科学省 2014；増淵 2015）。

3　これら保守派の言説は、議論の構成としては従来の「特性論」とほとんど変わらないものの、それを保守的な性道徳観と組み合わせ、保守派の政治家やジャーナリストなどが一体となった広範なキャンペーンとして展開された。この論陣は、特性論批判の立場に立つジェンダー・リベラル派の〈男女平等教育〉（本書第4章参照）やリベラルな性教育を敵視し、それらに「日本の伝統文化を破壊する」「社会解体を目指す革命運動」「過激な性教育」などのレッテルを貼って批判しながら、家父長制的な家族制度のもとで男女が異なる役割を果たすことやそうした性役割へ向けた教育の重要性を訴えてきた。それに対して、ジェンダー・リベラル派は、そうした保守派の動きを「バックラッシュ」や「バッシング」と呼んで再批判する議論を展開してきた（浅井他 2003；木村編 2005）。

をめぐる議論と実践に改めて問い直しを迫るような主張も多く見られるようになった。

そこで本章では、近年の新しい別学論および特性論のバリエーションと思われるいくつかの論を取り上げ、それらがジェンダーと教育に関する研究と実践に与えるインパクトを検討する。以下では、まず別学・共学という概念とそれらをめぐる議論にはジェンダーと教育をめぐるさまざまなレベルの事象が密接に関連していることを確認した後、隠れたカリキュラムに関する研究成果と女子校存続論者の主張を紹介し、別学は性差別的で共学なら男女平等とは単純に言い切れないことを示す。続いて、近年の新しい別学論・特性論における議論の構成の比較検討を行い、それらがジェンダーと教育に関する研究と実践に対していかなる課題を提起しているのか考察する。

2 別学と共学の連続性と重層性

別学とはどういう状態を指し、共学とはどういう状態を指すのかなど、いまさら説明の必要はないと思われるかもしれない。一般に、別学といえば別学校で学ぶことと、共学といえば共学校で学ぶことと同一視されがちである。しかし、ある教育のあり方を別学と見なすべきか共学と見なすべきかは常に自明であるとは限らない（Laird 1994：尾﨑 2009）。

確かに、別学校は空間面での男女分離が最も徹底した教育形態であるという点で、究極の別学環境といえるかもしれないが、他方で、共学校が常に男女に同じ教育空間を提供しているのかというと、そうとは限らない。たとえば、共学校であっても学級は男女別に設置するケースや[4]、男女比があまりに偏っている場合には同性だけのクラスと男女混合クラスを設けるケースがある[5]。さらに、学級が男女混合であっても、保健体育など特定の科目や、そのなかでも性教育の単元については、男女を空間的に分離して教育を別に行うケースは珍しいことではない。これらの教育形態を別学と呼ぶべきか共学と呼ぶべきかは、それぞれの教育形態を個別の文脈に位置づけるのか、それともより広い文脈に位置づけるのかによって異なってくるだろう。そうした意味で、別学と共学は、男女の空間的分離／共有という側面に限ってみても、二分法というよりも徹底の程度の違いであるともいえる。

さらに、共学と別学をめぐる議論・施策・実践においては、単に男女の空間的分離／共有だけが問題とされているのではなく、それにともなう教育効果や、教育の目標、内容、方法が男女で異なるか否かも問題とされている。

第一に、共学論／別学論の最大の関心事は、学校の設置者や教育者の側にとっても、学習者の側にとっても、多くの場合、男女の空間的分離／共有それ自体ではなく、その教育効果だろう。しかも、

4　私立帝塚山中学校・高等学校（奈良県）では、「別学と共学の良さを採り入れ」ることを目的として、学級および教科指導は原則として男女別で行い、課外活動や全校行事は原則として男女合同で行う「男女併学」制度を採用している（帝塚山中学校高等学校 2015）。

5　たとえば、福岡県立福岡高等学校では、少なくとも1980年代には、男子のみの学級が編成されていた。

ある教育実践の効果に関する評価は、そこで目指されている「教育」とは何なのかによって大きく左右されるから、教育効果を問題にする際には、いかなる教育目標に対する効果を問題にしているのか（たとえば、人格形成なのか、学業達成なのか、成人後の役割への社会化なのか）などを問わないわけにはいかない。さらに、成人後の役割への社会化が目標である場合であれば、男女で異なる役割へ社会化されることが目指されているのか、それとも男女の役割の平準化が目指されているのかによって、効果の評価は正反対にさえなりうる。

第二に、教育効果や教育目標は、教育内容すなわちカリキュラムと切り離して考えることはできないから、共学論／別学論においては、自ずとカリキュラムにおける男女間での差異／共通性も主要な論点の一つとなる。戦前の日本では、1879年の教育令制定以降、少なくとも中等教育レベル以上の学校では原則として男女別学の体制がとられるようになったが、そこでは、男女いずれかしか入学できない種別の学校もあり、それらの学校ではカリキュラム体系も男女で大きく異なっていた。たとえば、1901年に定められた中学校令施行規則によれば、男子向け普通教育機関であった（旧制）中学校では、「上級学校進学や社会人になるための基礎教育」を意識して、5年間の就学年限で、女子向けのカリキュラムには含まれない漢文や法制・経済が教えられており、外国語や理数系の科目にも女子に比べて多くの学習時間が配分されていた。他方で、同年に定められた高等女学校施行規則によれば、中間層以上の女子向けの普通教育機関であった高等女学校では、就学年限は中学校よりも1年短い4年間で、男子向けカリキュラムには含まれない家事、裁縫、音楽なども配置されており、良妻賢母主義のもとで「主婦にとっての必須の知識・技術」が教えられていた（橋本 1992 : 64-65）。つまり、戦前の中等教育機関における別学体制は、単に男女を空間的に分離することだけでなく、男女で異なる成人後の役割への社会化と、そのために男女で異なる知識体系を伝達することが目的とされていたのである。

戦後には、日本国憲法第二四条で「両性の平等」が謳われ、アメリカ教育使節団からの勧奨のもと（旧）教育基本法第五条で「教育上の男女共学は、認められなければならない」と定められたのを受けて、公立小・中学校と大半の公立高等学校は共学化されたが、その際の日本側の主たる関心は、共学それ自体よりも「女子教育の改善・向上」、すなわち「教育機会と教育内容の男並み化」だったとされている（小山 2009 : 16）。つまりこのとき、教育空間の男女共有化とカリキュラムの男女共通化が同時に図られたのであるが、少なくとも日本側にとって、その重点はあくまでカリキュラムの共通化にあり、教育空間の男女共有化はむしろその手段であったといえる。

第三に、別学論／共学論においては、教育目標や教育内容が同じか異なるかにかかわらず、そこで想定される教育方法における男女間での差異／共通性も主要な論点となりうる。なぜなら、同じ目標のもとで同じ内容を教えるにせよ、教育方法を変えれば教育効果は変わりうるからである。後で詳しく述べるが、たとえば、男女は違った方法で教えた方がともに学力が向上するという点を根拠として別学を支持する議論がある。そうしたケースでは、単に男女を空間的に分離することよりも、教育方法を男女で変えることこそが議論の要点となっているのである。

さらに、教育以前の性と性別に関わる倫理観も、学校の設置者および教育者と学習者の双方にとって、別学／共学を考えるうえで無視できない要因である。たとえば、「男女七歳にして席を同じゅうせず」という儒教の教えを信奉して男女別学を支持する場合や、逆に、男女を分けること自体が差別もしくは不自然であるという信念に基づいて共学を支持する場合などに最も重視されているのは、教育効果とはさしあたり別次元の倫理観であり、別学／共学は、何らかの教育目標を達成するための手段というよりも、むしろそれ自体が目的化されているといえるだろう。[6]

このように、別学／共学をめぐる議論・政策・実践において問題とされているのは、単なる学習者の空間的分離／共有という側面だけではない。別学論／共学論とは、性と性別に関わる倫理観や学校の経営戦略、男女に異なる教育の効果を求めるかどうかや、ある教育効果を期待して教育の目標、内容、方法を男女で変えるかどうかが、教育空間における男女の分離／共有という側面に集約されて論じられてきたものであった。そして、以下で詳しく述べるように、そうしたあらゆる水準での判断と

6　学校経営者にとっては、別学か共学かを判断するうえで、経営上の利害は無視できない要因であろう。2000年以降の共学校化の波に乗って別学校から共学校になった学校のなかには、男女共同参画という社会的風潮を意識しただけでなく、少子化が進むなかで受験生や入学生という「顧客」層の拡大を狙った学校もあったに違いない。他方で、別学を維持している学校がそうする理由のなかには、当面は別学であることも含めたその学校のブランドを維持し続ける方が経営上効果的であるとの判断も含まれているだろう。ただし、本章では、経営上の問題は扱わず、教育効果に焦点を当てている。

密接に関わっていると思われるのが、男女は異なる特性を有していると考えるかどうかという点である。したがって、別学／共学について、性別特性に関する検討を全く抜きにして議論することはできない。

そこで、以下における別学／共学論の検討においては、別学／共学を、空間的分離／共有に限定されないこれらの多様なレベルの事象を含むものととらえ、学校教育に限らず、家庭でのしつけや学校外施設での支援の文脈も含めて、性別特性論に対する評価と関連づけながら論じていくことにする。

3　別学と共学のパラドックス

共学下の性別社会化

戦前の男女別学では男女が成人後に異なる役割を担うことが目指されていたのに対し、戦後の男女共学は、主として女子の教育水準を男子のそれに合わせることを意図して導入された。このことから、かつての素朴な別学／共学観においては、別学は男女を異なる役割へと社会化するものであり、共学は男女を共通の社会化へと導くもの、との見方が一般的であった。

ところが、１９８０年代後半以降、学校の内部過程をジェンダーの視点から批判的にとらえる国内外の一連の研究は、男女が教育空間を共有しつつフォーマルな男女共通カリキュラムを学ぶという意味での男女共学が、必ずしもそれだけで男女の間での社会化の収斂と教育・職業達成の平等化を促進させるとは限らず、むしろより見えにくい形で性別によって異なる社会化過程の持続に荷担している可能性を示唆してきた。そこでは、知識体系としてのフォーマルなカリキュラムにおける意図的・計画的な知識伝達とは別に、隠れたカリキュラム（hidden curriculum）の作用、すなわち日常的な学習環境や教師および他の児童・生徒との相互作用を通して、男女混合クラスにおいて男性優位や性別分業に対応したジェンダーのメッセージが子どもたちに伝達されている様子が明らかにされてきた（天野1988：Sadker & Sadker 1994=1996）。

たとえば、日本においては、教科書の分析から、国語では作者や登場人物の比率において圧倒的に男性の割合が高いこと、社会科では女性についての歴史記述が極端に少ないこと、生活科や技術家庭科では固定的な性差観を助長する挿絵や記述が各所に見られることなどが指摘されてきた（伊東他1991：藤田1993）。学校の学習環境については、「男子が先」の男女別名簿や、担当学年や職位が上がるほど男性教師の割合が高まるという教員の職階構造などが、男性優位の価値を伝達している可能性が指摘された（男女平等教育をすすめる会1997）。

また、教師と生徒の相互作用や、生徒同士のやりとりを通じて、教室内で女子が周辺化されている様子が国内外で報告されてきた。たとえば、教師には、意図せずして、女子よりも男子に多く働きかけたり、ステレオタイプ的な男女像を提示したり、男女を異なる基準で評価したりする傾向があることが指摘された。また、女子の発言が男子に遮られたり、理科の実験では男子が実験で中心的な役割を果たす一方で女子は器具の準備や記録係など補助的な役割を果たしており、しかもそのことを教師たちが「自然」なものととらえがちであることも報告された（氏原 1996：木村 2000：堀内 2008）。

確かに、少なくとも日本では、現在までにこれらの指摘をふまえた教材や学校環境の改善、教師の意識や実践の改革などが行われることで、こうした傾向はある程度弱まっているかもしれない（第5章参照）。それでも、男女が同じ空間で男女共通カリキュラムを学んだとしても、実際には男女で異なる知識が伝達されたり、男女で異なるライフコースへと水路づけられたりする可能性は依然として残されているといえるだろう。

女性の地位向上のための女子校論

こうして、共学環境のもとで、とりわけ女子の学業達成や職業達成に不利な性別社会化が進行していることが指摘される一方で、別学が女子に与えるプラスの効果を見直す声も聞かれるようになった。

欧米では、公的な法制度における男女間での機会の平等が達成された後にもなお持続する男性優位の社会状況からの女性の解放を目指す第二波フェミニズムが1970年代に興隆するなかで、女子は、男子と向き合う必要がなく安心して支援が得られやすい女子校で学ぶ方が、より高い教育達成が得られるとの主張がフェミニストの側からなされるようになった（Leonard 2006）。

日本でも、そうした主張は、しばしば女子校存続の根拠の一部として、女子校関係者を中心に語られてきた。友野清文は、2000年代前半における代表的な女子校存続論者（21世紀の女子教育を考える会、望月由孝、キリスト教学校教育懇談会）とその主張の概要を紹介している（友野 2013：58-63）。そこでは、「女子が主役で動く場面がたくさんあるはずなのに、共学では女子が出過ぎると男子から嫌われる傾向（が）あって、行動にブレーキがかかる」として、共学の否定的効果が示される一方、「共学の中学時代は消極的だった女生徒が、女子高に入学して生徒会や委員会などで活発な動きをするようになり、非常に積極的な人間に変化する者がいる」「女子の能力の開花・リーダーシップを取ること・自信を与えることなどの面で共学よりも優れている場合（が）多い」というように、女子校の教育環境が女子に肯定的な影響を与えていることが主張されている。

2010年代においても、女子大学の経営層の間で、同様の認識を確認することができる。女子大学を経営する法人または女子大学（跡見学園、同志社女子大学、実践女子学園、恵泉女学園）の事務部門の男性4人による座談会（堀他 2012）では、次のように語られている。

「むしろ、女子大学のほうが、逆に男女共学、男女平等を意識している。そして、なぜ女子学生だけを対象にして教育しているのか、そこにはどういう意義があるのかということを徹底的に考えようとしていると思っています。男女共学の大学は、単なる共学という事実にただ乗りし、それだけで安堵してしまっているところがあるのかもしれませんね。」（同：20）

「何のためにわれわれ女子大学は、女子大生に教育を行うのかという問題です。これは、女性の自立を実現するためのものであると説明することができるでしょう。」(同：22)

「共学の大学に通う女子学生は、やりたくないこと、面倒な作業を男子学生に上手に引き受けさせてしまう傾向もあるように聞いています。(中略)しかし、女子大学では押しつける男性がいない。何でも自分たちで担わなければいけない環境ですから、自然とリーダーシップを身に付けることもできるのだと思います。」(同：24)

もちろん、こうした彼らの認識は、彼ら自身の経験則や伝聞に基づくものであり、必ずしも客観的な証拠に基づくものではない。しかし、ここで重要なのは、これらの女子高校・女子大学の存在意義を主張する議論は、戦前の中等普通教育機関において前提とされていた「男は外、女は内」という性別分業とそこへ向けた社会化を自明視しているわけではなく、むしろ戦後の教育改革における男女共学が目指した「教育機会の均等と教育内容の平準化」を通して「女子教育を男子と同じレベルに上げること」を、形式的にではなく実質的に保障しようとする議論である点だ。

こうして、別学は男女を異なる役割へと社会化し、共学は男女を共通の社会化へと導く、というかつての素朴な共学／別学観とはある意味で正反対の見方、すなわち、共学は女子を不利に導き、別学は女子を有利に導く、という言説が一定程度受け入れられるようになっているのである。

4　方法としての別学論と特性論

男の子の特性を意識した子育て論

前節で示したように、欧米では、1970年代以降、別学の教育効果に関する主張は女子の教育達成と地位達成に関連づけて議論された。しかし、1990年代の後半になると、「男子問題」の社会問題化（第1章参照）を背景として、男女の特性の違いをふまえて男女の教育方法を分けるべきだとの主張が、女子よりもむしろ男子に焦点を当てて展開されるようになった。そうした教育論は、学校における男子の教育方法に関する政策的議論にとどまらず、家庭での男の子の育て方にも波及してきた。

世界で「男子問題」が最も社会問題化した国の一つであるオーストラリアでは、1990年代後半に、男女の特性の違いを前提として男の子に適した育て方を指南した心理学者のS・ビダルフの著書*Raising Boys*がベストセラーとなった。日本でも『男の子って、どうしてこうなの？』というタイトルで同書の翻訳書が2002年に出版されている（Biddulph 1997=2002）。

ビダルフは、性差に関する社会の動向について、次のような認識を示す。長い間、生物学的な違いの名のもとに女性を家事や母親業に閉じ込め、女性の市民権を制限したり賃金差別を正当化したりするという「恐るべきことがなされていた」時代（同：49）が続いた。その後1970年代になると、今度は「男らしさを否定し、少年も少女も実質的に変わりがないとみなすのが流行」となった。しかし、

「子どもをもつ親や教師たちが言いつづけてきたように、そのようなアプローチはうまく機能しなかった」(同：10)。そして、脳の構造やホルモン分泌に関する「新たな研究は、少年たちがいい意味で少女達とは異なっているという両親たちの直感が正しかったことを支持」しているのであり、「わたしたちはその違いを大切にし、少年の男らしさを正当に評価する方法を身につけなければならない」(同：10)、というのである。

彼は、女の子と比較した場合の男の子の特徴として、体が成熟するまでの発達のペースが遅かったり、言語能力やコミュニケーションの面でつまずいたり、数字や機械をいじる能力に長けていたり、活動的であることなどを挙げる。そして、そうした男女の違いをふまえたうえで、男の子を健全に育てていくため、父親には「恐怖からではなく、尊敬からあなたを喜ばせたいという気持ち」で反応したくなるしつけや、女性を敬うことを教えることなど(同：91-118)を、母親には、自らが「男性全体に抱いている感情」に基づいて「無垢な男の子にあまりに多くの偏見を覆いかぶせない」ことや、女の子とどうしたらうまくやっていけるかについて教えることなど(同：119-155)を、具体的にアドバイスしている。加えて、学校教育に関しても、男子の就学を遅らせることや「男子の弱点」である言語能力の習得を助けること、身近な同性モデルとして「温かさと厳しさをあわせもった」男性教師を増やすことの重要性などを提言している(同：185-199)。

ビダルフは、男女間の能力や好みや行動には生物学的な差異があることを主張するが、それはあくまで平均の違いであり、同性内にも個人差があるということにも触れている(同：83)。また、そうした性差について、「女性が男性よりも、男性が女性よりもすぐれていることを意味するものではない」(同：50)とも断っており、生物学的性差に関してはいわば異質平等論の立場をとっている。しかし、将来的に「男は仕事、女は家庭」というような男女で異なる役割を果たすことを前提とするような議論は見られない。むしろ、少年に女性を敬うことを教えること(同：108-110)や少年に家事をさせること(同：150-153)などのアドバイスもしている点では、男女の権力関係における平等化と固定的性別分業の解消を志向しているとさえいえる。

つまり、彼の子育て論では、生物学的性差が強調されてはいるが、旧来の特性論のように、それを維持することや、それを根拠にして男女を将来の二分法的な社会的役割へ導くことが「目的」とされているわけではない。生物学的性差は、あくまで、男女それぞれに対する教育の「方法」を考えるうえでふまえられるべき「前提」として位置づけられているのである。

ビダルフの著書の翻訳からしばらくして、日本でも男の子の育て方に関する指南書が人気を博すようになった。その一例が、元保育士の原坂一郎による『男の子のしつけに悩んだら読む本』(２０１０年)である。原坂は、大学卒業後独学で保育士資格を取得し、当時としては珍しい男性保育士として23年間働いた経験を通して、男の子たちは女の子以上に母親から理解されていないと痛感してきたという。そこで、「男の子の代表になったつもりで」、母親たちに対して就学前の男の子たちの「心の声」を代弁するスタンスで同書を執筆したのだという(同：3)。

原坂は、ビダルフほどには性差の生物学的な根拠について明確に言及していないが、男の子の育て方を論じる前提として、男女は体の構造だけでなく心の構造も全く違っており、それが行動の違いとなって現れているという認識を示している（同：29）。そして、母親に対して「うちの子、どうしてこんなことばかりするの」と考えるのではなく、「男の子はこういうもの」と思って「しつけないしつけ」をしていけば、母親も楽になり、男の子も「のびのび育つ」というスタンスで、「10回言って改まったらラッキーと思う」「しないときに叱るより、したときに褒める」などのさまざまな具体的アドバイスをしている。

同じく元保育士の小崎恭弘も、母親のためのガイドブックである『男の子の本当に響く叱り方褒め方』（２０１４年）で同様の議論を展開している。彼も、関西のとある市で公立保育園初の男性保育士として12年間働き、自らも３人の男の子を育ててきた経験から、就学前の男の子をもつ母親たちが男の子の行動を理解するのに苦しんでいたり、男の子との関わり方に悩んでいたりするのを何度も見てきたという。そこで、同書では、母親に対して「男の子ワールド」がいったいどのようなものであるのかを解説し、男の子を不必要に叱ることを避けることや男の子の心に響く叱り方について、具体的なアドバイスを行っている。そして、明確に性差の生物学的根拠には触れていないものの、「男女に対する制度や意識の中での差別は、なくすべきもの」だが、「男女の差は身体的な違いだけでなく、明らかに存在し」ている（同：27）という前提に立ち、あくまで個人差があることに触れながらも、母親に対して、男の子育ては、まずは男の子を「別の生物」と認識する（同：31）ところからはじまると述べている。

原坂や小崎の子育て論の主眼は、男女の好き嫌いや行動パターンにおける性差を理解したしつけをすることによって、母親の不必要な負担や不満を軽減し、男の子が「のびのび」「すくすく」と、しかし同時に社会性を身につけながら育つことを支援することにある。確かに、こうした性差を前提とした子育てが、結果的に志向や行動パターンにおける男女の性差を維持・拡大してしまう可能性は否定できないだろう。しかし、彼らの子育て論もまた、旧来の特性論のように、そうした性差の維持・拡大や、そうした性差に対応した二分法的な性別分業へと子どもたちを導いていくことを「目的」としているわけではない。

別学による教育達成促進

右に紹介したのは、男の子のしつけや家庭教育に関する親向けの子育て書であったが、同様の認識的立場から、学校教育の文脈も含めて別学の効果を男女双方について説いているのが、教育評論家の中井俊己が著した『男女別学で子どもは伸びる!』(2014年)である。その議論の要点は、男女の間には生まれつき生物学的な差異があり、別学の方がそうした男女の特性に応じた教育が行えるので、男女別学は共学に比べて教育効果が高いというものである。

中井はまず、男女の間には、「言語能力、空間認知能力、聴覚、興味を引かれるもの、記憶の仕方、感情の処理の仕方、成長のスピード、行動、読書量、学習態度、友だち・教師との人間関係の築き方、ほしいもの、将来の夢」など実にさまざまな側面において性差が見られると述べる(同:59)。そして、主として脳科学の研究成果を引き合いに出しながら、そうした違いは社会が作り出すだけでなく、「脳の神経経路の働きやホルモンにもよる」(同：18-19)との認識に基づき、「その違いを考慮せずに、男女を同じように教えると無理が生じ」るため、「同じ学習内容を教えるにしても、男子に合ったやり方、女子に合ったやり方で教え育てると、それぞれの良さを伸ばすことができる」(同：2)と主張する。その例証として、日本でも海外でも、学力トップ校の多くが男女別学校であることや、海外で共学校でありながらクラスや授業を別学にして成果を上げた学校の様子を紹介している。

同書の巻頭には、付録として、男女別の「育て方のポイント」が記されている。男子に合ったやり方の例として挙げられているのは、「面白そうと思わせる」「ゲーム感覚で、やる気に火をつける」「なぜ？　につき合う」「ミスを厳しく責めない」「無理やりではなく、自主性を重んじる」「ヒーロー願望を刺激する」「将来、伸びる！　と信じ切る」の七点である。一方、女子に合ったやり方としては、「小さな課題を与え、こまめに評価する」「大丈夫。できる、と励ます」「結果より、プロセスを見てほめる」「上から目線で叱らない」「答えではなく、助言を与える」「プリンセス願望に共感する」「大切な子と感じさせる」の七点が挙げられている。[7]

7　学習への態度が学力に及ぼす効果が男女で異なる傾向にあることを示す分析結果もある。中学生のデータを用いた学力の規定要因に関する回帰分析によれば、女子では国語・数学とも、「友達と勉強を教え合う」ことがプラスの効果をもつが、男子にそうした効果は見られず、逆に、男子では数学において「友達と勉強を競い合う」ことがプラスの効果をもつが、女子にそうした傾向は見られない(伊佐 2014)。

中井の男女別学論の主眼は、教育達成にある。生物学的な性差が強調されているが、そうした男女で異なる特性を維持することや、それを根拠にして男女を将来の二分法的な社会的役割へ導くことが「目的」とされているわけではなく、そうした性差をふまえた教育の「方法」を用いることで、男女ともに教育達成を高めることが目指されている。しかも、別学の効果として、「女子は、リーダーシップを発揮できる」こと、「男子は、女子任せにしないで掃除もできる」ことを挙げるなど、男女の将来の役割の相互浸透も志向されている。これらの点において、やはり旧来の特性論とは大きく異なっている。

本節では、日本で2000年代以降に現れた、性別特性を強調する新しいタイプの子育て論と別学論における議論の組み立てを確認してきた。旧来の特性論においては、固定的な性役割への社会化を問題視することなく、自明視された男女で異なる「特性」を伸ばすことが教育の「目的」とされていた。一方、本節で取り上げた議論は、確かに男女で異なる「特性」ともいうべき性差を前提としてはいるが、男女で異なる「特性」を伸ばすことを「目的」としているのではなく、そうした「特性」を、別の目標を達成するための「方法」を考えるうえでの前提として強調しているのであり、むしろ「目的」の次元においては性差の縮小や平準化を志向していると思える側面さえ持ち合わせている。したがって、これらの議論を旧来の特性論と全く同列に扱うわけにはいかないだろう。本節で取り上げた議論も男女の「特性」を重視しているという点で特性論の一つとして位置づくとすれば、それを、旧来の「目的としての特性論」との対比で、「方法としての特性論」と呼ぶことにしたい。

5 再帰的男女共学論

こうして、男女が同じ教育空間のもとで同じフォーマル・カリキュラムを学ぶという形式的な男女共学が、必ずしも男女の教育達成の平準化や固定的性役割からの解放に寄与するとは限らないことが指摘される一方で、むしろ別学や男女で異なる方法での教育や子育ての方が、男女の平準化や双方の達成向上に寄与するという言説が台頭してきた。それと並行して、共学と別学の両方の利点を活かしながら、共学を原則としながらも一部別学を採り入れる試みもなされてきた。それらの中には、学級活動と教科の学習は原則として男女別で行い、課外活動や全校行事は原則として男女合同で行う「男女併学」のような試みが含まれるが、ここでは、その最も洗練された議論の一つとして、ドイツにおける「再帰的男女共学（reflexive Koedukation）」論を取り上げたい。この呼称の用法にはある程度のバリエーションがあるが、ここで取り上げるのは、池谷壽夫によって日本に紹介されたH・ファウルシュティッヒ＝ヴィーラントの議論と、彼女も委員の一人として加わった、ノルトライン＝ヴェストファーレン（NRW）州首相直属委員会の答申『教育の将来―将来の学校』（1995年）に示された「再帰的男女共学」構想における提起である（Faulstich-Wieland 1995=2004）。

ここでいう再帰的男女共学とは、共学を原則としながらも、学習状況に応じた部分的別学を採り入れることで、「共学授業を維持し、それを自覚的に改良」しようとする実践である（池谷 2004：299）。そこで目標とされているのは、「学校の日常生活においてジェンダー・ヒエラルヒーを解体し、両性関係を新たに規定し、それによって両性の男女同権の共同生活・共同学習を達成すること」であり、「女子と男子の共同の、平等で包括的な教育を可能にし、ジェンダー特有なステレオタイプ的な割り振りを解消するために、（中略）すべての必要で本質的な知識と能力を」女子と男子に等しく促進し形成することである（同：298）。

部分的別学という方法が提唱された背景には、すでに述べたように、従来の共学校での教育が必ずしも男女のジェンダー・ステレオタイプからの解放を促すものとはなっておらず、むしろ女子と男子の固定的な役割行動を強化していたという反省がある。すなわちそこでは、女子は「男子よりも注目と承認を受けることが少な」く、「やり遂げる能力の代わりにむしろ適応行動が覚え込まされ」るのに対して、男子はその知的能力を誉められ強調される一方で、いつも女性よりも勝っていなければならないという「優越命令」と、「いっさいの優しくて情緒的な側面、安全と優しさへの願望」を隠さなければならないという「支配的な男性ステレオタイプ」による抑圧のもとに置かれてきたというのである（同：296-7）。

再帰的男女共学論は、こうした状況を克服するために部分的別学を採り入れようとするのだが、それは完全な共学のもとでは不可能なのだろうか。ＮＲＷ州の答申では、ジェンダーに関するすべての問題は、すべての人々のアイデンティティに関わるものであるため、その変革を促すには「啓蒙するだけでは不十分」であり、「男子と女子が反対の経験をすることによって、ジェンダー・ステレオタイプの固定化を解体する」ことが必要であるとの認識が示され、その有効な方法の一つとして部分的な別学の採用が提唱されている（同：298-9）。

部分的な別学環境の意義としては、たとえば次の点が挙げられる。一方で、男性的価値を標準とする男性優位文化が支配的な学校教育環境のもとで女子の能力を十分に伸ばすために、「女子生徒が、力のあるものや否定的なものとして体験する男子との対決」をしなくてすむ空間や、理数系や体育など男子が優位な科目の授業において「彼女たちの興味に合っていて男子の尺度で評価されない保護空間」を準備する必要がある（同：297）。他方で、男子への教育に関しては、「女性的なものの過小評価と除外による情動的な遮断を克服する」ために、「女性の視点と女性文化」を経験させ、文化的に男性的とされる能力と女性的とされる能力に同等の価値を認めることを促す（同：299）うえで、男子だけの集団での経験が効果を発揮しうる。これらの点は、先述の女子校存続論や、別学の効果として「女子は、リーダーシップを発揮できる」こと、「男子は、女子任せにしないで掃除もできる」ことを主張する中井の別学論の主張とも一致している。加えて、学習の主体である生徒たちの間で、スポーツ、自然科学、性教育については別学または一時的別学を支持する声が多いことも無視できない点である（同：297）。

しかし、そうした成果は、「女子だけや男子だけがただ一緒にいること」によって、「自然に」生じるものでは決してない。再帰的男女共学において、部分的別学に意義が見出されるのは、「女子の自己意識が強められたり、男子の反セクシズム的な発達が実際に達成される時のみである」。しかも、そうした成果を上げるためには、あらゆる教育実践が、既成のジェンダー関係を安定させるものなのか、それともその変革を促進するものなのかという点に照らしてくまなく検討されることが要件とされる。そして、教育者には「高度の社会的敏感さと教授能力とならんで、とりわけ自分の［性別］役割観と振る舞いとの徹底した対決」が必要とされるのである（同：294）。

こうした再帰的男女共学論の構想に基づき、池谷は、日本の男女平等教育の課題として次の点を挙げる。まず、共同性を追求するという意味での「男女共学」の達成であり、具体的には、男女別学校を共学校にすることや、名簿表記を含めてさまざまな場面で不必要に生徒を男女別に分けることの克服がこれにあたる。次に、男女の性別による違いを伸ばすことを男女平等とみなす「特性論」的男女平等論を乗り越え、「男女の性別にこだわらず、一人ひとりの個性をいかす」男女平等教育を志向することである。そしてさらに、場所的な男女共同という意味での単純な「共学」を再検討することである。そこでは、教師—生徒間や生徒同士でのやりとりの分析を通じて共学場面に伝統的な男女の役割が持ち込まれていないかどうか、「自然科学系の授業が男子中心に展開されていないかどうか」などの丹念な検討を経て、「もしも共学よりも一時的な別学の方が女子のイニシアティブを発揮しやすいものになるならば、生徒の意見も取り入れながら大胆な別学」を試みることなども提案されている（同：307-309）。

6 弱者支援のための別学論

「避難場所」としての男子校

これまで取り上げてきた「方法としての特性論」では、旧来の「目的としての特性論」とは異なり、少なくとも固定的な性役割への社会化が志向されているわけではなかった。また前節で取り上げた再帰的男女共学論における別学の部分的採用も、「ジェンダー特有なステレオタイプ的な割り振りを解消する」ことを目指すためのものであった。ところが、社会的に不利な立場に置かれて排除されがちな男子支援の詳細を明らかにしてきた近年の研究は、それらの現場で、あえて彼らにステレオタイプ的な「男らしさ」や「男性役割」を志向させるという実践が行われていることを明らかにしている。

一例が、木村涼子らによる男女共学化に関する共同研究で調査対象の一つとなった、私立男子校A校での実践である（土田 2008）。この学校は、いわゆる進路多様校であり、調査の数年前に「特別進学コース」「普通科コース」「専門科コース」という3コース制を組織したところ、資格取得に力を入れる「専門科コース」には、「勉強もスポーツも得意ではなく、性格的にもおとなしくて自己主張も苦手な男子たち」が比較的多く集まってくるようになったという。A校の教師たちは、彼らを「放っておかれた子」「無視されてきた子」「居場所のなかった子」などと表現している。彼らは、他のコースの生徒たちに比べて自尊感情が低く、「自分の性別に対する肯定感」「幸福感」「スポーツが得意」「友人関係」「親の期待」のすべてにおいて自己を否定的にとらえる傾向にあった。

A校の関係者たちは、こうしたタイプの男子にとって、男子校はある種の「避難場所」として必要だと主張する。なぜなら、彼らは、強い女子にいじめられた経験があったり、「女子を上手に意識できず、女子とうまくわたりあっていけない」ような、男子のなかでも「劣位におかれた男子たち」であり、「ここで一回かくまってあげないと、このまま世の中に放り出したらむちゃくちゃ（に）される」ことが危惧されるからである[8]（同：70）。

とはいえ、進路多様校には、比較的学業成績がよかったり、スポーツが得意で「やんちゃな」男子もいるため、彼らとの関係性のなかで「劣位」に置かれがちな男子たちは、男子校の内部でも、劣等感を感じたり、いじめの対象になったりする可能性もある。そのためA校では、コース分けによって、おとなしい男子を他のタイプの男子から分離し、学級内に強者と弱者を作りにくくしているのである。

さらにA校では、「孤独で自信のない男の子」たちを女子や他のタイプの男子から分離するだけでな

8　ここでは、男子のなかでの相対的な弱者の事例のみを取り上げたが、同様の指摘は女子についてもなされている。望月由孝は、「中学時代に男子生徒にいじめられ、不登校になった経験があ」り、高校進学後も「男子恐怖症」が治らず、「一学期末に私立の女子高に転校した」という生徒の例を挙げて、「非常に神経がこまやかで、中学時代、男子にいじめられたり、無視されたりした経験をも」ち、「女子高でしか学べないような生徒が現実にいる」ことを挙げている（望月 2002）。

く、彼らを社会的に自立させるための支援にも取り組んでいる。その際、A校関係者たちは、「女子には従属しながら生きていくという方法があ」るが男子には「根本的に、自分で何とかして食べていくしか方法がない」から、将来妻子を経済的に養うことは無理でも、男である以上せめて「家族から独立して、自分でご飯を食べていける」ようにさせることを目標にして彼らを支援している（同：72-73）。

そうした取り組みにおいては、一方で、いわゆる「女性職」と呼ばれる職業への就職も視野に入れ、各生徒の興味関心に沿った形で、保育士を目指す生徒がピアノを教わったり、調理師を目指す生徒が料理を教わったりできる放課後講座が提供されている。しかし同時に、彼らが「これまでに家庭や学校で経験し損ねてきたことを取り戻」し自信をつけるために、武道やキャンプや海外研修などの機会を積極的に提供して「男らしさ」を育んでもいるという。つまりA校では、「個性を大切にするという教育原理にもとづいて「男らしくないという自分らしさ」を伸ばそうとしながら、「自立していけるような男らしさ」をも獲得させようとする、矛盾したメッセージ」をともなった支援の形がとられていたのである（同：75）。

「男らしさ」を利用した立ち直り支援

既存のジェンダー秩序における「男らしさ」を利用して、社会的に排除されがちな層の男の子を支援している例は、学校以外でも報告されている。

山口季音は、児童養護施設でのフィールドワークを通じて、職員たちがしばしばステレオタイプ的な男性性を利用して施設児童を支援している様子を報告している（山口 2013）。男女で生活空間が完全に分離されているその施設では、職員が時折男児に「男なら負けるな」「男なら泣くな」という言葉で男児を諭すなど、ステレオタイプ的な男性性を提示する場面が観察された。また、女児への指導に際しても「振る舞い方をおしとやかにしよう」という言葉が職員から発せられることがあるという。しかし、同施設の主任は、そうした指導が固定的な男女の役割の押しつけとなり、子どもによっては窮屈に感じる場合があることは承知しながら、あえて職員らのそうした指導を黙認することもあるという。なぜなら、施設に措置される以前は身近な大人から気に掛けてもらう機会がほとんどなく「他人からどう見られているのか」に無頓着で自尊感情も非常に低い子どもたちに、他者の目を意識させたり、プライドや自尊感情をもてる状態へ「ソフトランディング」させたりするうえで、「自然なもの」として共有されやすい「男らしさ」や「女らしさ」の利用が効果的である側面が否定できないと考えるからだという。

知念渉も、非行を起こしたり家庭で問題を抱えていたりする少年の自立更生を支援する入所型民間施設でのフィールドワークを通じて、彼らの志向する男性性が支援に活用されている例を報告している（知念 2013）。日常の生活空間が男女で分離されているその施設では、彼らにリテラシーの向上を図るうえで彼らが好きなバイクの免許を取るための試験勉強を勧めたり、彼らを非行集団から遠ざけるために、上下関係を重視する男子特有の関係性を活用し、理事長自らが「兄貴分」や「親父」として振る舞い、非行集団の「先輩たち」を「上回る」信頼を少年たちから勝ち取って彼らを望ましい方向に導いていくという実践が行われていた。一方、同じ施設の女性支援者は、女子の支援においてはそうした方法は用いないし、用いても効果が期待できないとの認識を示していた。

これらの取り組みは、「男らしさ」や「男性役割」へと男子を志向させている点では、古典的な「目的としての特性論」と共通しているといえるかもしれない。しかし、これらの取り組みの主眼は、「男らしさ」や「男性役割」へ向けた社会化を促すことそれ自体にあるのではなく、学校や施設を巣立った後に必要最低限の生活ができるよう、既存の社会への適応を促すことにある。「男らしさ」や「男性役割」へ向けた社会化は、そうした社会的包摂のための支援の一手段として意図的に利用されている。しかも、「目的としての特性論」であれ「方法としての特性論」であれ、性別特性を強調する従来の教育論においては、たとえそれがあくまで平均的な違いであることには言及されても、同性内のタイプの多様性に言及されることはほとんどなかった。それに対して、これらの取り組みにおいては、同じ男子であっても置かれた境遇やタイプは多様であることが意識されており、それらのうちの社会的な弱者層に位置づけられる男子に効果的な支援の方法として、先述の方法が用いられているのである。

確かに、ジェンダーに敏感な視点をもつ読者なら、これらの取り組みに対して、既存のジェンダー秩序の再生産に荷担する実践であるとの批判を加えることは容易であろう。しかし、こうした支援や指導の方法は、時間や人手やその他の教育・指導のための資源が圧倒的に不足する状況下で、どうにかこうにか子どもたちを社会的な包摂と自立へ向けて援助するためのギリギリの方法として生み出されてきた現場知でもある。先述のA校の実践の詳細な検討をふまえて土田陽子が指摘しているように、「現場の教師たちは、いまだ既存のジェンダー秩序によって構造化されている社会に、待ったなしの状況で生徒たちを送り出さねばならない現実の中で生きている」のである（土田 2008：75）。だとすれば、既存のジェンダー秩序の再生産に荷担しているという理由だけでこれらの実践を批判することには慎重にならざるをえない。むしろこれらの事例は、ジェンダーに敏感な立場からの教育研究・実践に対して、「被支援者たちを社会に適応させつつ、既存のジェンダー秩序をよりましな方向へと導く方法」（知念 2013）をいかにして見出していくかという難しい課題を提起しているといえるだろう。

7　新しい別学論と特性論が投げかけるもの

本章では、別学・共学概念のもつ意味の広がりについて検討を加えたうえで、共学環境のもとでの性別社会化に関する議論と、さまざまなバリエーションの別学論・特性論における議論の構成を確認してきた。これらの作業を通して、現在の別学論・特性論がジェンダーと教育に関する研究と実践に対して問いかけている課題がいくつか見えてきたように思える。ここでは、それらを挙げることで章の締めくくりとしたい。

第一に、「性差」という現象にどう向き合うかという課題である。すでに見たように、近年の別学論には、生物学的性差を根拠として男女で異なる教育方法を用いることを主張するものが見られる。確かに、その根拠として挙げられている脳科学などの知見については、それがどれだけ実際の行動に反映されているのか未解明な部分が多い（筒井 2013：Satel & Lilienfeld 2013=2015）。また、先天的なものか後天的に学習されたものかはともかく、それらの性差はあくまで「平均の差」であり、平均の差を考慮した教育方法が、男女それぞれの典型から外れた子どもたちの達成に逆効果を及ぼす可能性は考えられる。しかし、現に男女平等の指標として男女集団間の教育達成の平均的差異が用いられているという現実をふまえるならば、ある時点における男女間での志向や行動や能力の平均的な違いを考慮して教育方法を変えることで男女の達成を平準化しようという議論に全く合理性がないとは言い切れないだろう。今後自然科学の分野も含めて性差に関するエビデンスが次々と提出される可能性を考えると、「ジェンダーと教育」研究には、身体の解剖学的な性差しか想定しない素朴な立場を乗り越えた「性差」への向き合い方を改めて問うことが求められているといえるだろう。

第二に、教育における選択の自由をどう考えるかという課題である。この点に関して女子校存続論のなかで注目しておきたいのが、「女子教育の主張は共学を否定するものではなく、子どもの個性や性格に合った教育を保障するために、別学（女子校）という選択肢を用意しておくことが不可欠であり、私立の重要な役割である」という論点である（友野 2013a：63）。新自由主義的政策のもとで教育の市場化が進行するなか、選択の自由に根拠を置く別学論は、たとえ別学の効果に関するエビデンスをともなわずとも、それだけで一定の説得力をもつ。また、すでに見たように、男子校なり女子校を「避難場所」として必要としている男子や女子が少なくとも一部存在する。そうであっても、私立学校や民間の支援も含めてあらゆる教育の場を共学にすべきだと言い切れるだけの論拠とエビデンスを共学論は持ち合わせているかと問われれば、現段階では否といわざるをえないだろう。

そこで第三に、別学論／共学論をより生産的なものにするためには、別学／共学の教育効果に関する実証研究の蓄積が望まれる。確かに、男女別クラスを設置したところ、男女ともに共学クラスよりも別学クラスで成績が伸びたという海外の事例がいくつか報告されているが（奥村他 2009：ニューズウィーク日本版 2006年2月15日号）、英語圏における別学の効果に関する研究のレビューは、いずれも別学の効果が決定的であるとはいえないと結論づけている（Leonard 2006：友野 2013b, 2014）。別学の教育効果の根拠として、別学校の方が進学実績に優れていることが挙げられることが多いが、もともと威信の高い旧制中学校や旧制高等女学校が戦後も別学校になったために学力の高い生徒が集まったケースや、高い進学実績のおかげで別学のままでも受験生を確保できるからあえて共学にする必要がないケースもあるだろうから、別学／共学以外の条件を統制したうえでその効果を検証することが必要となる。[9] ただし、海外の多くの研究も含めて、別学の効果を確認したとされる研究においても、「別学の効果」なるものが、男女の空間的分離の効果なのか、それとも男女を分離したことで生じた教育方法の違いの効果なのか、後者であればいかなる方法の違いが効果をもたらしたのかなどについては、

9　日本では数少ないこの種の研究として、増淵則敏が、埼玉・群馬・栃木3県で抽出した県立高校普通科で実施した調査データを用いて回帰分析を行い、入学偏差値が同レベルであれば、総じて共学校よりも別学校で国公立大学現役合格率が高い傾向にあることを明らかにしている（増淵 2015）。

十分明らかにされているわけではないし、「教育効果」の指標に別のものを用いれば結論は異なりうる。

したがって、別学・共学をめぐる議論は、結局のところ「何のための別学・共学なのか」という基本的な問いに常に立ち戻ることが求められる。2節で述べたように、別学／共学論は、性と性別に関わる倫理観、男女に異なる教育の効果を求めるかどうか、ある教育効果を期待して教育の目標、内容、方法を男女で変えるかどうかなどのさまざまな問題関心が、教育空間における男女の分離／共有という側面に集約されて論じられてきたものであった。従来の別学・共学をめぐる議論が平行線をたどりがちだったのは、それらの効果に関するエビデンスの不足だけによるものではなく、それぞれの議論が照準するレベルがバラバラであったことにも起因するのではないか。別学・共学論を不毛な水掛け論に終わらせず実りあるものにしていくためにも、別学・共学に関わるさまざまなレベルの事象を分節化したうえで、論者同士がそれらのどのレベルに照準しているのかを自覚して議論していくことが重要であろう。

第7章

男子研究の方法論的展開
―「ジェンダーと教育」研究のさらなる可能性―

西洋諸国では、男子についての学術的な研究が盛んに行われているのに対して、日本ではそうした研究はまだ非常に少ない。その背景には、社会的な男子問題への関心の低さだけでなく、日本の教育研究で用いられてきた研究方法も関係しているのではないか。教育社会学を中心とする「ジェンダーと教育」研究の方法論的動向を確認し、今後男子研究が進展していくために有効な視点と枠組みを提起する。

1　教育研究における男子の過少表示

近年、欧米の教育研究においては、学齢期男子に焦点を当てた研究が盛んになってきている。とくに英語圏では、すでに1980年代の後半から、学校において男子特有の性差別的で権力志向的な文化が形成される過程を明らかにするエスノグラフィックな研究が行われている（Askew and Ross 1988：Mac an Ghaill 1994：Skelton 2001）。「ジェンダーと教育」に関する国際学術誌 *Gender and Education* では、1997年に「教育における男性性」（Masculinities in Education）の特集が組まれて以降、男性性に関する論文が掲載される機会が増えていき、近年では「「男性性」」がタイトルに入った論文を見ない号はないほどになった」（宮崎 2014）とさえいわれている。さらに2000年代になると、学校における男性性研究に関する論文を集めたリーディングス（Lesko 2000）が刊行されたり、「落ちこぼれ男子」（failing boys）の問題を取り上げた研究書が相次いで刊行されたりしており（Epstein 1998：Martino et al. 2001：Martino et al. 2009）、もはや学齢期男子に関する研究は「ジェンダーと教育」研究の主要なテーマの一つとなっている。

それに対して、日本の教育研究においては、学齢期の男子に焦点を当てた研究は、本書で触れている一部のものを除いていまだごくわずかである。このことは、日本の「ジェンダーと教育」研究を牽引してきた学会の一つである日本教育社会学会の動向からもはっきりとうかがえる。たとえば、同学会の学術誌『教育社会学研究』に1996年以降掲載されたジェンダー関連の論文37件の内訳をみてみると、性差および両性の関係性を中心に扱ったものが14件（37・8％）、女性に焦点を当てたものが22件（60・0％）であるのに対して、明確に男性に焦点を当てた論文は1件（2・7％）のみである。また、1996年以降の学会年次大会の研究発表件数で見ても、性差および両性の関係性を中心に扱ったものが99件（41・6％）、「女性」を中心に扱ったものが110件（46・2％）に対して、「男性」に焦点を当てたものは29件（12・2％）と、圧倒的に「女性」比率が高くなっている。しかも、「男性」に焦点を当てた大会発表のうち半数近くの13件は「父親」の研究である（多賀・天童 2003）。

「ジェンダー」概念が日本の教育社会学に導入されて間もない1990年ころからすでに、「ジェンダー」は男女の関係性のなかで現れてくるものであるから、「ジェンダーと教育」研究は「女性学」とは異なって両性を対象とすべきであり、その意味で「男性学」への視座を含むことが提唱されていた（加藤 1991）。またその後も、教育における男子への注目の必要性が唱えられてきた（西躰 1999：多賀 2005）。しかし、西洋において男子研究が盛んに行われているのとは対照的に、日本の「ジェンダーと教育」研究においては、「男子」に焦点を当てた研究はまだわずかしか見られない。

その最も大きな理由の一つとして、西洋と日本では、研究者の関心以前に、社会における学齢期男子への関心の度合いが大きく異なっていることがあげられるだろう。第1章でも見たように、欧米では1990年代半ば以降、「ジェンダーと教育」の問題といえば「女子問題」よりもむしろ「男子問題」と見なされるほどに、学齢期男子への関心が高まっているといわれている。男子の学業不振、粗暴な振る舞い、学校生活や社会生活への不適応といった問題は、メディアや社会政策、教育関係者の関心の的となり（木村 2010）、オーストラリアのように男子に特化した補償教育が行われたり、ドイツのように男子に特化した援助活動（池谷 2009）が行われたりしている国もある。

しかし、男子の学業不振や、男子の方が暴力的で学校生活や社会生活に適応できないという傾向は、必ずしも西洋に限ったことではなく、日本でも一部では指摘されてきたことである。たとえば、4年おきに実施されている国際的学力調査であるPISA（OECD生徒の学習到達度調査）の過去5回の日本の結果を見てみると、「数学」で2回、「科学」で1回、女子に比べて男子の平均点が有意に高かった以外、男女で有意差が見られなかったが、「読解」では全5回で男子より女子の平均点が有意に高くなっている（国立教育政策研究所 2015）。また、高校生については、ほとんどの科目において教科に取り組む意欲とその評定平均値の両方で女子に比べて男子の方が低い傾向（鍋島 2003）にあること、中学生については、学校生活のさまざまな側面において男子は女子に比べて積極性がない傾向（深谷 2003）が指摘されてきた。さらに、少年鑑別所入所者や少年院入院者（法務省法務総合研究所 2009）、不登校やひきこもり（町沢 2008）、未成年の自殺者（内閣府 2015a）など、反社会的行動や社会的不適応を引き起こす者の割合は女子に比べて男子の方が圧倒的に高い傾向も指摘されてきた（第1章参照）。

だとすれば、西洋に比べて日本で男子研究が少ないのは、必ずしも両者の実態の違いによるのではなく、多分に、社会の人々の「男子を見ようとする視点」の違いからきていると考えることもできよう。つまり、日本の「ジェンダーと教育」研究についていえば、少なくとも部分的には、それらが依拠してきた枠組みが、男子の諸問題をとらえにくくさせてきたと考えられるのである。だとすれば、西洋の男子研究の枠組みや視点を参考にすることで、日本においても男子研究の可能性が開けてくる。

確かに、ジェンダー研究において男子に焦点を当てる際には十分な注意が必要である。男子を標準と見なしたまま男子を中心に論じたのでは、女性学・フェミニズムの視点が導入される以前の教育研究と何ら変わりなくなってしまう（多賀 2005）。また、男女間の支配関係に関する現状の冷静な分析を怠り、男性たちがさまざまな「コスト」と引き換えにそれなりの「利益」を得ている側面、たとえば、「男は弱みを見せない」という男らしさのコストに耐えることによって女性に対して支配的にふるまうことが正当化されている場合などに目を向けず、「コスト」のみに焦点を当てて「男子／男性の不利」を過剰に騒ぎ立ててしまえば、それは女性の地位向上に対する単なる政治的反動（バックラッシュ）でしかなく、あまり生産的な議論には発展しそうにない（第2章参照）。

しかし、フェミニズムの知的伝統をふまえつつ、適切な視角と方法によって男子の現状のさまざまな側面をつぶさにとらえていくならば、それはジェンダー現象のより深い理解や、女子・女性問題の解決、さらには教育問題の理解と解決にもつながるはずである。

そこで本章では、日本の教育社会学を中心とする「ジェンダーと教育」研究の方法論的展開を追いながら、そこでの主要な研究枠組みが「男子」をどうとらえてきたかを検証し、今後日本で「男子研究」を展開していくために有効な理論的枠組みの提示を試みる。以下では、まず次節で、男子を問題化する三つの視点を措定する。続いて、「ジェンダーと教育」研究の動向を、その方法論的枠組みの観点から四つの潮流として整理し、それぞれの方法論的潮流が男子問題の三つの側面のうちどの側面を取り上げ、どの側面を取り上げてこなかったのか、またその理由はどこにあるのかを考察する。最後に、これらをふまえたうえで、今後男子研究が進展していくためにさらに求められる視点と理論的な枠組みを提起する。

2　男子を問題化する視点

メディアによる報道であれ学術研究であれ、「男子」がとくに取り上げられるほとんどの場合には、男子に何らかの「問題」があることが想定されている。そうした「問題」はケースによりさまざまであるが、それらをいくつかの類型で単純化して把握することは可能である。

本書の第1章では、欧米における男子を問題化する言説が、二つの類型で把握できることを示した。一つは、女子と比較した場合の男子の相対的な学業不振や学校・社会生活への不適応といった側面を、男子の不利を表すもの、もしくは男子が置かれた不利な立場によって生じているものとみなし、男子を「被害者」(victim)、さらには「支援されるべき対象」としてとらえる見方である。もう一つは、右に述べたような問題の側面に加えて男子の粗暴な振る舞いといった問題の責任を男子自身に求め、そうした男子を、排除されても仕方のない、いわば「厄介者」(problem) としてとらえるものである。

これらを下敷きとして、本章では、従来の「ジェンダーと教育」研究が男子をめぐる状況のどのような側面を「問題」として描き出し、どのような側面を描き損ねてきたのかを検討するために、次の三つの鍵概念を措定する。

まず、男子の〈被害者性〉である。これは、欧米の男子問題言説における「被害者」としての男子に対応するもので、特定のジェンダー関係に包含されることによって、一定範囲の男子が抑圧・不利・困難を経験する側面を指す。

次に、男子の〈加害者性〉である。これは、欧米の男子問題言説における「厄介者」としての男子に対応するもので、特定のジェンダー関係のもとでの一定範囲の男子のあり方が、女子(や他の男子)に抑圧・不利・困難を生じさせる側面を指す。

これらに加えてもう一つ、男子の〈受益者性〉という概念を措定したい。これは、女性学やフェミニズムの視点からのジェンダー研究において暗黙のうちに想定されていることの多い男性像に対応するもので、特定のジェンダー関係のもとで、一定範囲の男子が女子(や他の男子)の抑圧・不利・困難と引き換えに現在または将来において利益を得る側面である。

では、以下で、それぞれの方法論的潮流が男子問題の三つの側面のうちどの側面を取り上げ、どの側面を取り上げてこなかったのか、またその理由はどこにあるのかを考察していくことにする。

3 「ジェンダーと教育」研究における男子の〈不可視化〉

まず、「ジェンダーと教育」研究のさまざまな方法論的潮流のなかで古くから主要な位置を占めてきた「女性の教育─職業達成」研究と「性役割の社会化」研究という二つの潮流を取り上げよう。この二つのアプローチはいずれも、男子の問題にはほとんど光を当ててこなかった。その理由を、それらの枠組みがもつ認識論的特徴の観点から探ってみたい。

女性の教育─職業達成

『教育社会学研究』誌には、これまでに「ジェンダーと教育」研究の動向に関する四つのレビュー論文（神田他 1985：森 1992：中西・堀 1997：多賀・天童 2013）が掲載されているが、そのいずれにおいても、ジェンダー概念が導入される以前のいわゆる「女性と教育」研究の時代から後の「ジェンダーと教育」研究の時代にいたるまでの主流の枠組みと見なされているのが、「女性の教育─職業達成」と呼ばれる一連の研究群である。

このタイプの研究の主たる実践的関心は、女性の地位向上にある。そこでは、女性の職業達成を促し、男女の社会的地位格差を解消することが、多かれ少なかれ志向されている。したがって、それらの研究においては、女性の職業達成の主要な規定要因とされる教育達成の実態や、職業達成と教育達成との相互関係、さらには教育達成の規定要因などを明らかにすることに精力が注がれてきた。

1990年代後半以降、学校教育から労働市場への移行において女性では男性ほど業績原理が働いていないことが明らかにされるのにともない、学校教育制度内部における女子特有の進路形成過程にも関心が向けられ（吉原 1995）、女子では、学力水準とは独立して性役割観に基づいて進路分化が生じていること（中西 1998）も明らかにされた。こうして現在に至るまで、この研究潮流は、全国データの充実、計量分析手法の高度化、女性内分化を把握する枠組みの洗練などをともないながら、女性の教育達成と職業達成に関わる近年の実態の変化について有益な知見を次々と生み出している。

しかしその一方で、「女性の教育―職業達成」研究は、そのネーミングが物語っているように、これまで男子の問題に焦点を当てることはなかった。それは、このタイプの研究に特有の認識論的特性によるところが大きい。

まず、このタイプの研究は、業績主義的な価値を体現している男性を暗に「標準」と見なしたうえで、男性との比較および差異を通して女性の教育―職業達成過程の特徴を描き出すという認識論的特性を有している（中西・堀 1997）。そこでは、男性は、暗に業績主義的競争において女性の犠牲によって利益を得る〈受益者〉として想定されている。この点において、男子の〈被害者性〉はまず想定されえない。

加えて、このアプローチでは、こうした女性に不利益をもたらしたり、女性の教育―職業達成に業績よりも属性が効果を及ぼしたりする構造的要因が探求される一方で、そうした構造の生成過程に個々の主体がどう関与しているかは追究されない。そのため、そうした構造のもとで、たとえ男子が〈受益者〉に位置づけられたとしても、彼らがそうした構造の生成に荷担するといった意味での〈加害者性〉を問われることはない。

つまり、このアプローチでは、男性は女性の単なる比較対照として扱われているため、男性それ自体を問題化する視点は希薄にならざるをえないのである。

性役割の社会化

「女性の教育―職業達成」研究は、地位達成や進路分化といった、どちらかといえば女性集団の外的な機会構造に焦点を当てるアプローチであるが、「ジェンダーと教育」研究においては、伝統的に、個人の内的な変化をともなう人間形成に焦点を当てる研究も多く見られる。この後者の流れにおいて、教育研究に「ジェンダー」概念が導入されるはるか以前から少なくとも1990年代の終わり頃まで中心的な位置を占めてきたのが、「性役割の社会化」の枠組みである。

「性役割の社会化」という発想は、構造機能主義の人類学および社会学において展開されてきた役割理論を性現象に適用した「性役割」（sex roles または gender roles）のコンセプトと、教育社会学の伝統的基本概念である「社会化」（socialization）のコンセプトが結びついたものであるが、男子問題の可視化という観点から見れば、「性役割」と「性役割の社会化」の間には、無視することのできない大きな違いがある。

「性役割の社会化」研究においては、男子が問題にされることはほとんどなかったのに対して、「性役割」の議論は、古くから男性が抱える問題を提起する際に援用されてきた。「性役割」というコンセプトは、単純化していうならば、男女が異なる仕方で振る舞う傾向にあるという現象を、ある脚本に従って男女が異なる役割を演じるというアナロジーで説明するものである。そこでは、女性も男性もそれぞれに、他者が期待する女性役割ないし男性役割の通りに振る舞うことが求められていると想定されている。しかし、「性役割」が生得的な生物学的行動というよりも他者からの期待に応えようとする社会的な振る舞いであるという役割理論の仮定に忠実であろうとするならば、当然ながら、他者からの役割期待と期待を向けられる自己との間にギャップが生じる余地を想定せざるをえない。したがって、「性役割」というコンセプトのもとでは、女性のみならず男性においても、他者および社会からの「性役割」期待を不本意に押しつけられることにともなう抑圧や困難といった〈被害者性〉を問題化することが可能であった。

実際に、１９７０年代のアメリカの男性解放運動のメインパラダイムはこの性役割理論だった（Clatterbaugh 1997 : Messner 1997）。「「男らしさ」から「自分らしさ」へ」をスローガンに、１９９０年代後半に日本各地に一定の広がりを見せた「メンズリブ」の運動（メンズセンター 1996）も、この流れに位置づくものであるといえよう。

しかし、「性役割の社会化」となると、話は違ってくる。「性役割の社会化」にはいくつかのサブタイプが見られるので、まずはそれらの概略を確認したうえで、それらがもつ認識論的枠組みが男の問題を可視化しにくい理由を考えてみよう。

最も初期に「性役割の社会化」理論を展開したのは、社会学者のT・パーソンズであった（Parsons & Bales 1956=2001）。彼は、出産・育児にかかわる生物学的機能が男性に欠けていることと、核家族化した家族が職業体系と明確に区別されて社会のなかで孤立したことが、家族外部との関係に対応する「道具的役割」を男性に担わせ、家族内部の調整をはかる「表出的役割」を女性に担わせるという機能分化をもたらしたと考えた。そのうえで、フロイトの精神分析理論に依拠しつつ、男児と女児は、同性の親への同一視を通してそれぞれの役割を獲得すると説明した。このパーソンズの理論においては、「性役割」を獲得することは、社会システムの維持と個人の社会適応の両面において「機能的」であると見なされ、ある種の「望ましさ」をもってとらえられていた。「性役割の学習」というネーミングのもとで同時代に展開された一連の心理学的研究においても同様の傾向がみられた。

一方、１９８０年代になると、社会学における「性役割の社会化」研究において、その強調点や志向性に変化が見られるようになった。まず、パーソンズや一連の心理学的研究のように個人の内面における性役割獲得プロセスよりも、どちらかといえば、子どもたちに男女で異なる性役割期待を伝達する、家族、学校、仲間集団、マスメディアなどの「社会化エージェント」のあり方に焦点が当てられるようになった（Connell 2002=2008：130-132）。また、１９６０年代のアメリカに端を発する第二波フェミニズムや、そのインパクトを受けて展開された女性学の影響のもとで、「性役割の社会化」の過程は、女性の教育達成や職業達成を阻み、成人期における男性に対する女性の従属をもたらす作用をもつとして、どちらかといえば否定的にとらえられるようになった。

では、このような認識論的特徴をもつ「性役割の社会化」においては、なぜ男子の問題が後景に退いてしまったのだろうか。まず、パーソンズのように「性役割の社会化」を社会システムの維持や個人の社会への適応の手段ととらえる機能主義的な志向のもとでは、男子の性役割行動は「発達・成長」の文脈に回収されてしまう。そのため、男性役割を押しつけられることによる男子の「抑圧」といった男子の〈被害者〉的側面は見失われてしまう。

一方、フェミニズム・女性学の立場からの研究においては、概して、子どもたちが社会化されていく社会は女性の従属によって男性が利益を得る男性優位の社会であることが想定されている。したがって、将来の〈受益者〉と想定される男子に〈被害者性〉を見出すことは困難となり、研究者の関心は、自ずと将来〈被害者〉となっていく女子の社会化過程をいかに変容させるかに向けられることになる。

また、社会化論では、子どもは受動的に社会化される存在と見なされるため、仮にそこで進行している社会化に何か問題があるとしても、その責任を問われるのは「社会化エージェント」である教師や学校のカリキュラムであり、受動的学習者と想定される男子（や女子）がその責任を問われることはない。さらに、社会化論は「いまここ」の出来事を成人への準備段階と見る未来志向を備えているため、仮に「いまここ」で男子の粗暴な行為などによって女子（や他の男子）が迷惑を被っていたとしても、それが彼女ら（彼ら）にとって将来の不利な状況に結びつかない限り問題にされにくい（片田孫

2005）。それゆえ、男子の〈加害者性〉が問われることもあまりない。

こうして、「性役割の社会化」の枠組みに依拠した一連の研究においても、その認識論的な諸前提が、〈被害者性〉〈加害者性〉いずれの側面においても男子の問題を後景に退けてきたのである。

4 「ジェンダーと教育」研究における男子の〈可視化〉

１９９０年代になると、「ジェンダーと教育」研究において、「女性の教育—職業達成」や「性役割の社会化」とは異なる新しいタイプの研究が展開されるようになり、男子問題が少しずつ可視化されるようになってきた。ここでは、１９９０年代以降に新たに展開されるようになった研究上の二つの潮流を取り上げ、それらの認識論的特徴と、それらが男子問題のどのような側面をどのように可視化してきたのかを見てみることにしよう。

学校内ジェンダー秩序形成

男子問題の可視化への可能性を開いた一つめの研究潮流は、学校内のジェンダー秩序の構築過程を、主に相互作用場面の観察を通して明らかにしようとするアプローチである。ここではこの潮流を「学校内ジェンダー秩序形成」研究と呼んでおこう。

この種の研究手法は、すでに1990年前後には日本の教育社会学において「解釈的アプローチ」の名の下に幼稚園（森 1989）や小学校（宮崎 1991）をフィールドとした実証研究に適用されていた。ただし、当時は、前節で触れた「性役割の社会化」論がそうした実証研究の背後仮説として影響力を有していたため、それらの研究においては、「社会化エージェント」としての教師の側の行為と解釈に焦点が当てられる一方で、受動的に社会化される存在と見なされていた子どもの側の解釈にはほとんど焦点が当てられなかった。

しかし、1990年代後半になると、学校におけるジェンダー秩序形成に主体的に関与しようとする児童・生徒たちの「有能な行為者」としての側面にも関心が向けられるようになった。そして、2000年代になると、この流れに位置する研究は、「フェミニスト・ポスト構造主義」（西躰 1998）のアイデアを理論的枠組みに援用することによって、認識論的側面において、性役割の社会化論から次のような転換を図っていった。第一に、ジェンダーを「行為に先だって存在する役割構造」というよりも「相互行為を通して構築される秩序」と見なすという「ジェンダー観」の転換。第二に、子どもを「ジェンダー形成される客体」であるだけでなく「ジェンダー構築する主体」であるとも見なす「子ども観」の転換。第三に、「将来へ向けた個人の人間形成」よりも「いまここの場の秩序構築」に関心を向けるという「教育研究パラダイム」の転換である。

こうした認識論的転換により、「学校内ジェンダー秩序形成」研究は、次のような仕方で男子の問題を可視化することを可能にした。第一に、それらの研究は、学校内での男性優位のジェンダー秩序が、教師のジェンダー平等実践を無効化したり女子を支配したりしようとする男子の戦略の影響を受けて構築されている様子を描き出すことで、「いまここ」における女子の〈被害者性〉とその責任を問われる男子の〈加害者性〉を可視化させることに成功した。たとえば、公立中学校（氏原 1996）や公立小学校高学年（木村 1997）の教室での観察調査では、教師による男女への対等な働きかけが男子の抵抗によって無効化されたり、一部の男子による教室空間支配の戦略に対抗するための教師の統制戦略によって男子を重視した教室内相互作用パターンが生じたりしており、結果的に女子の発言や意思表示の機会が減じられている様子が明らかにされた。

第二に、「学校内ジェンダー秩序形成」研究は、生徒集団における男子優位の秩序が、男子の一方的な主導によって形成されているというよりも、むしろ男女双方の相互作用を通して共同構築されている様子を描き出すことにより、男子優位の秩序形成における、いわば女子の〈共犯性〉を問うことも可能にした。たとえば、フォーマルには男女が対等で一緒に活動するとされている中学校の柔道部において、空間的性別分離と男性優位を脅かさないインフォーマルな規則が男女双方の部員たちによって意図しないままに形成され、それが自明のものとして疑いなく受け入れられている様子（羽田野 2004）が明らかにされた。また、中学校の学級において、生徒間での「男子と女子の間の距離化」や「男子優位の上下関係で行為を説明」するといった「ジェンダー・コード」の共有とそれに基づく行為解釈が男女双方で行われることを通して、ジェンダーを軸とした仲間集団の分化と秩序の形成・維持が行われている様子（上床 2011）も明らかにされた。

こうして、ポスト構造主義の視点を取り入れた「学校内ジェンダー秩序形成」研究は、女子を従属的な立場に追いやり、自分たち男子を支配的な立場に位置づける秩序の形成に主体的に関与する男子の振る舞いや解釈過程を描き出すことで、男子の〈加害者性〉の側面に光を当てることを可能にした。

しかし、これらの研究の多くは、男子集団内部の多様性や男女間の権力関係の複雑さよりも、どちらかといえば、男子集団と女子集団の間の一般的な差異と権力関係のパターンに目を向ける傾向にあった。そのため、男子の中にも抑圧や困難を経験している子どもがいるかもしれないといった男子の〈被害者性〉にまで光が当てられることはほとんどなかった。そうした男子の〈被害者性〉が可視化されるには、次に述べるように男子集団内の「多様性と不平等」（多賀 2006）という視点の導入を待たねばならなかった。

男子集団内の多様性と不平等

従来の「ジェンダーと教育」研究が、女子の〈被害者性〉と男子の〈加害者性〉には目を向けながらも、男子の〈被害者性〉にはほとんど目を向けてこなかった理由の一つは、それらが、男女の差異に注目するあまり、同性内、とりわけ男性集団内部の多様性から目をそらし、男性集団と女性集団をそれぞれ一枚岩のものとしてとらえる傾向を持ち合わせていたことが大きい。

もっとも、女子については、すでに１９９０年代前半から、同性内の多様性に対して一定程度の注意が向けられており、女子高校において女性性への意味づけの違いをともなう複数の生徒下位文化が形成されている様子（宮崎 1993）や、性役割観に基づく進路分化メカニズムの存在（中西 1998）などが明らかにされていた。

しかし、現在よりもずっと「ジェンダー研究」が「女性研究」と同一視される風潮が強かった当時にあっては、女子の多様性やそうした多様性をもらす仕組みが「ジェンダー・サブカルチャー」「ジェンダー・トラック」と呼ばれる一方で、「ジェンダー」とはあたかも無関係であるかのようにみなされていた男子集団内の多様性、とりわけ男子の〈被害者性〉にはほとんど関心が向けられてこなかった。

従来の研究が男子の〈被害者性〉にほとんど関心を向けてこなかった主な理由は、それらがR・コンネルのいう「ヘゲモニックな男性性」（hegemonic masculinity）、すなわち女性に対する男性の優越を正当化する文化的に理想化された男のあり方（Connell 1995 : 77）を体現する男子を、男子の代表であるかのように見なしてきたことにあると考えられる。しかし、すべての男子がそうしたヘゲモニックな男性性を体現できるわけではない。全体として見れば、ある児童・生徒集団において女子よりも男子が支配的な位置を占める傾向にあったり、社会における教育機会構造が女子よりも男子に有利に働く傾向にあったとしても、その内部における男子の多様性に目を向けるならば、そうした集団秩序や機会構造からほとんど利益を得られないばかりか、それらのもとで抑圧や困難を経験している男子がいる場合もあることが見えてくる。

筆者は、「男性の女性に対する優越」、「男は仕事、女は家庭」という性別分業、「異性愛至上主義」といったジェンダー規範が今以上に強固だった１９９０年代半ばに、青年期男性の生活史インタビューを行った。そして、それらの支配的なジェンダー規範に従いたくても従えなかったり、それらを疑問に思ったりして、「大人の男」としてのアイデンティティ確立における困難を抱えていた若者たちの事例を通じて、男性優位の社会秩序のもとであっても、いやそうであるがゆえに抑圧や困難に直面する男性がいることを示した（多賀 1996；2001）。

さらに２０００年代後半になると、学校において男子集団内での「多様性と不平等」の視点からの実証研究が展開されることにより、抑圧や困難を抱える男子の様子が浮き彫りにされるようになった。木村涼子らは、私立高校でのフィールドワークを通して、アカデミックトラック上の位置に応じて、男子内部でジェンダー観や自尊感情における分化傾向が見られるという実態や、勉強もスポーツも自己主張も苦手で自尊感情が低い男子の具体的様子を明らかにし、もはや「男の子が優位で女の子が劣位といった単純な構図」でジェンダー秩序をとらえられないことを指摘した（土田 2008）。

こうして、男性内の「多様性と不平等」の視点の導入により、日本の「ジェンダーと教育」研究においてもようやく、男性優位のジェンダー秩序のもとであっても「男」として評価される社会的資源を持ち合わせていない男子は抑圧や困難をかかえうるという男子の〈被害者性〉の側面が描き出されることになったのである。

こうした研究動向を背景として、さらに近年では、男子間の暴力（山口 2008）、地方ノンエリート男性の職業人アイデンティティの形成（尾川 2011）、非行少年の更生支援（知念 2013）、学力と学習意欲の男女差（伊佐 2014）といった教育問題に男性性の視点から切り込む実証的な研究も展開されるようになってきた。

5　男子研究のさらなる発展へ

これまでの検討により、従来の日本の「ジェンダーと教育」研究に支配的な枠組みが持ち合わせている認識論的特性が、男子の現実の多様性をとらえにくくさせていたこと、しかし、近年の方法論的展開により、少しずつ男子の現実の多様な側面が把握されつつあることがわかった。しかし、西洋と比較するならば、日本の教育研究における男子研究は依然として圧倒的に少ない。

そこで、これまでの検討によって得られた知見と、欧米の男性研究のアプローチを参考にしながら、今後日本の教育研究において男子研究を展開していくために有効だと思われる三つの視点ないし理論枠組みを提起したい。

「ジェンダー問題」としての男子の教育問題研究

一つは、従来ジェンダーの視点からあまり扱われてこなかった教育問題の研究にジェンダーの視点を導入し、男子が直面する教育問題を「ジェンダー問題」としてとらえ直すことである。先に、性差に注目するあまり同性内の多様性を等閑視してしまうことの問題について述べたが、その一方で、〈加害者性〉〈被害者性〉いずれの側面であれ、男子に特徴的な問題を見出す作業は、まずは種々の教育問題における性差への注目から始まることも事実である。

「学業不振」「いじめ」「体罰」「暴力」「不登校」「ひきこもり」「学校から仕事への移行」など、あらゆる教育問題は、ジェンダー・ニュートラルに生じているのではなく、ジェンダー化された社会的文脈で生じている。したがって、それらの発生形態、頻度、原因において性差が見られないかどうかに着目すること、そして、もし性差が確認されたなら、そうした性差が生じる背景をさらに探求していくことにより、教育問題の理解をジェンダーの視点から深化させることが期待できる。さらに、いじめであれ学業不振であれ、ある教育問題の発生形態、頻度、原因において性差が見られたとすれば、それらをふまえた男女で異なる働きかけが問題解決に奏効するかもしれない。

それなのに、従来の日本の教育問題研究においてはジェンダーの視点が希薄であった。しかも、欧米に比べて男女別教育統計の整備が遅れているため、性差の確認すらできないことが多い。性差が社会的に生み出されている背景を解明し、ジェンダー格差の解消やジェンダーに敏感な問題解決方法を導き出す基礎資料として、まずは男女別統計のさらなる整備が求められよう。

その際、「男子研究」として重要なのは、古くからの「女子教育」の伝統に典型的なように、決して男子を標準に据えて女子の特殊性を見るという立場に陥らないことである。そうではなく、今後求められるのは、女子を比較対象としながら男子特有にジェンダー化された側面を見出そうとする姿勢である。こうして、〈加害者〉的側面であれ〈被害者〉的側面であれ、男子の問題をジェンダー問題としてとらえ直すことで、男子の経験をよりリアルに描き出すとともに、それらの問題に対して、ジェンダーに敏感な視点から解決策を提示できる可能性も開けてくるだろう。

男性性の複数性と文脈依存性

男子研究を方法論的により洗練していくための二つめの方策は、先に述べた「男子の多様性」という視点をさらに推し進めて、男性性の複数性とその文脈依存性を考慮した枠組みで男子をとらえることである。英語圏の男性性研究においては、すでに1990年代から、男性のあり方は決して一様ではないという認識論的立場を打ち出すことを狙って、それまで不可算名詞とされていたmasculinity（男性性）をmasculinitiesと複数形で表記することが一般的となっている。

男性性の複数性が生起する水準としては、さしあたり次の二つを措定することができる。一つは、ジェンダーと他の社会的属性や社会的アイデンティティが交差する、マクロな社会的文脈である。そこでは、同じ「男」の間でも、社会的な威信や成功を得られるチャンスが、階層や人種・エスニシティなどによって大きく異なりうる。さらに、そうした社会的な属性やアイデンティティに応じて、異なるタイプの理想的な男性像が追求されたりもする。たとえば、少なくとも西洋社会では、中産階級においては、学業・職業達成や理性的であることに男としての価値がより置かれる傾向にあるのに対して、労働者階級では、権威への反抗や身体的な強靭さに男としての価値が置かれる傾向にある（Willis 1977=1985；Connell 1995）。

男性性の複数性が生起するもう一つの水準は、ミクロな相互作用場面である。そこでは、男子たちは、利用可能な社会的資源（すなわち、階層、人種、エスニシティに関わるアイデンティティに加えて、学業成績、身体的能力、消費文化への親和性、ユーモアなど）の多寡に応じて、独自に、序列関係をともなった複数の主体位置（男性性の類型）を形成し、それぞれの位置へと互いを位置づけ合う。そうしたなかでは、理想的で権威ある男性像を体現するための資源に恵まれない男子や、そうした資源の有効利用に長けていない男子は、男子集団のなかで従属的な立場に位置づけられるだけでなく、理想的とされる女性像を体現している女子よりも従属的な立場に置かれることも珍しくない。

こうした視点に立つことで、多様な男子の経験をよりリアルに把握することが可能となる。すなわち、集団としての女性の犠牲によって集団としての男性が利益を得る男性優位の社会体制のもとであっても、個々の「男」が得られる利益・威信や経験する抑圧の程度は男性集団内でも異なりうるし、ある「女」よりもある「男」の方が、より多くの抑圧を経験し、少ない利益や威信しか得られない状況も生じうることが論理的に矛盾なく説明できるのである。

ジェンダー関係の多元性と多層性

さらに、もう一歩進んで、常に男が有利で女が不利であるかのような単純な「二分法的家父長制パラダイム」を超えて、より精妙にジェンダーの権力関係を理解することを目指して、「ジェンダー関係の多元性と多層性」という視座を提起したい。

記号表現（signifier）とそれによって指示される意味内容（signified）との関係は恣意的なものであり、しかも両者の関係は固定されているわけではなく変化しうるというポスト構造主義のパラダイム（宮崎 2013）に忠実であろうとすれば、「男」よりも「女」の方が優位であるようなジェンダー秩序を想定することも理論上は可能である。また、大衆言説においては、これまでにも、「かかあ天下の夫婦」から「アッシー君」「ミツグ君」（女性が、自分に気がある男性たちを利用して、送り迎えの運転手が必要な場合に限って付き合ったり、一方的にプレゼントを送らせたりする男性のこと）に至るまで、「女性優位」の男女関係について語られることは珍しくなかった。

それにもかかわらず、従来のジェンダー研究は、そうした事例についてジェンダーと権力の観点から理論的に正当な説明を行おうとはしてこなかった。その理由の一つとして、従来のジェンダー研究においては、暗黙のうちに、社会生活のあらゆる場面が一貫した男性優位のジェンダー秩序によって構成されているかのように想定されがちだったことがあげられるだろう。たとえば、江原由美子は、現代の日本社会におけるジェンダー秩序を、マクロレベルからミクロレベルまで、どの水準で切っても「性別分業」と「異性愛」の原理に基づく「男性支配」という同一の構造が見出される「フラクタル図形」として理論化している（江原 2001）。

江原の理論を、現代社会のさまざまな局面における男女の最頻値的側面に着目して構築された再生産論として理解する限り、それが非常に緻密で優れた理論であることに疑いの余地はない。しかし他方で、筆者は、現代日本社会のジェンダー現象をよりリアルに描き出そうとするならば、社会のジェンダー秩序を、むしろより複雑な体系としてとらえる必要があると考える。それに際して参考になるのが、コンネルによる「ジェンダー秩序」（gender order）の定式化である。実は、江原も自身の理論化においてはコンネルの「ジェンダー秩序」概念（Connell 1987=1993）に依拠しているのだが、筆者は、その後新たに展開されたコンネルの議論もふまえつつ、江原とは異なる関心から「ジェンダー秩序」概念の再定式化を試みたい。

コンネルは、社会の広い範囲における一般的なジェンダー編成のパターンを「ジェンダー秩序」と呼び、特定の組織・制度におけるジェンダー編成のパターンを「ジェンダー体制」（gender regime）と呼んで、両者を概念的に区別している。そして、ある制度のジェンダー体制は変化しうることや、ジェンダー体制が変化する時期と速さは制度によって異なりうることに加えて、諸制度のジェンダー体制は、一般的にはジェンダー秩序に対応しているが、それに反している場合もあることを述べている（Connell 2002=2008 : 93）。したがって、コンネルがジェンダー秩序とジェンダー体制をあえて別の概念として打ち立てたことの意義は、単に社会の異なる水準のジェンダー編成を別々の名前で呼び分けたということにとどまらず、水準間のずれと、それにともなう両者のダイナミックな相互関係に着目することを可能にした点にあると考えてよいだろう。

コンネルのジェンダー秩序およびその関連概念をこのように理解するならば、社会のどこを切り取っても同じ男性支配の構造がみられることを想定した「二分法的家父長制パラダイム」を超えて、男性（そして女性）の多様な経験を描き出せるジェンダー秩序の理論的枠組みを、次のような形で構想することができるだろう。

つまり、全体社会のジェンダー秩序を、多層から成る下位体系群としての諸ジェンダー体制（例：さまざまなタイプの家族、さまざまなタイプの学校、さまざまなタイプの職場など）が集積した上位体系ととらえる。そこでは、上位体系と特定の下位体系の間で不整合があったり（例：一般的に男性が女性に対して支配的な社会の内部に、妻が夫に対して支配的な夫婦が存在する）、同一水準の下位体系同士の間で一定の不整合があったりする（例：うちの夫婦は夫が妻に対して支配的であるが、隣の夫婦はきわめて対等な関係である）こともある。それにもかかわらず、上位体系は辛うじて安定を保っている（例：一般的に男性が女性に対して支配的な体制が持続している）。そうした体系間の不整合は、長期的には上位体系の変動の原因でありまた結果でもある。こうした理論的前提を置くことにより、たとえば、ある特定の瞬間／男女関係／集団／組織において女性優位のジェンダー秩序が形成されながらも、全体社会レベルでは比較的頑強な男性優位のジェンダー秩序が維持されていることを理論的に矛盾なく説明することができる。

前二項で述べた二つの視点に加えて、社会のジェンダー編成を、こうした内的矛盾を抱えた動的な体系と見なすことにより、社会構造上の力学を無視することなく、ミクロな相互作用場面や学校内部における男子（や女子）のジェンダー化された多様な経験をさらにリアルに描き出せる可能性が高まると考えられるのである。

女性よりも男性に焦点を当て、男性特有の問題を強調する「男子研究」は、確かに、一歩間違えれば、女子が直面する深刻な問題から人々の目をそらさせたり、あたかも一般的に女子よりも男子の方がより困難を抱えているかのような誤解を人々に与えたりする危険性を常に持ち合わせている。しかし、だからといって、単に男女の平均的な違いや女子に目を向けるだけでは、現代社会の複雑なジェンダー現象をよりリアルに把握するのにおのずと限界があろう。むしろ積極的に男子の現実の詳細に目を向けながら、そうして得られた知見を、従来のフェミニズム・ジェンダー研究の知的遺産と結びつけていくことが、教育におけるジェンダー問題のより深い理解とその解決に繋がるのではないだろうか。

あとがき

本書は、２０００年代後半以降に執筆したジェンダーと教育に関する五編の論文を、２０１０年代半ばの社会状況にも通用するよう大幅に加筆修正し、新たに書き下ろした二編を加えたものである（初出一覧参照）。なお、第２章はＪＰＳＰ科研費 26570018, 15K01935、第６章はＪＰＳＰ科研費 25381151 の助成を受けて行った研究成果の一部である。

本書を読めば読者も気づくように、ジェンダー問題に関する私のポリティカルなスタンスは、女性に対する男性優位や固定的な男女の役割を当然とするような社会のあり方には反対する立場、すなわち、第４章の用語で言えば「ジェンダー・リベラル派」（以下、リベラル派）に限りなく近い。

しかし、本書の執筆にあたっては、リベラル派の見解を無前提に良きものと見なしたり、他の立場の主張を頭ごなしに否定したりしないよう心掛け、現在の日本社会における男女のあり方と、さまざまな立場の見解や主張をつき合わせながら、それぞれの妥当性を慎重に検討したうえで、われわれの社会が進むべき方向性を筆者なりに提示する、というスタイルでの記述に努めたつもりである。それどころか、本書では、リベラル派の見解や主張の一部に時折見られるナイーブな前提や矛盾点、たとえば、自由と平等の予定調和の想定などに対しては、批判的な考察を加えてもいる。リベラル派の読者の中には、私に対して、「お前は一体誰の味方なのか」と問い正したくなる人もいるかもしれない。

　私が本書をこのような姿勢で執筆した理由は、そうしたリベラル派のナイーブな前提や矛盾点に対する直感的な違和感が、他の立場からのリベラル派に対する反発の少なくとも一部をなしているのではないかと考えているからである。そして、私自身も含めたリベラル派の論者たちが、自分たちの主張の論理的一貫性や経験的妥当性を改めて精査したうえで、その主張の意義や根拠をよりわかりやすく提示する努力を重ねていくことで、微力ながらも、異なる立場に立つ人々の間でより生産的な議論をするための下地づくりに貢献できるのではないかと考えたからである。そうした意味で、本書が、男女のあり方に関していかなる価値観を持つかを問わず、幅広い読者に対して、自らの立ち位置を改めて自覚し、他の立場の人々との対話へと一歩踏み出すきっかけを与えられれば幸いである。

　もう一点、本書のジェンダー研究としての特徴を挙げるならば、女性よりもむしろ男性に焦点を当てた、男性学の書であるという点だ。私はこれまでに、『男性のジェンダー形成』（東洋館出版社、2001年）、『男らしさの社会学』（世界思想社、2006年）、『揺らぐサラリーマン生活』（ミネルヴァ書房、2011年）という3冊の男性学の単著・編著を著しており、本書を含めると、ちょうど5年おきに男性学の研究書を4冊刊行できたことになる。

　その間に、日本の男性（と女性）をめぐる状況と議論は、大きく変化してきた。私が男性学を志した1990年代前半には、ジェンダー問題といえば女性問題、というのが常識であった。それから20年以上が過ぎ、今や、「男の生きづらさ」が公に語られたり、「イクメン」がもてはやされたり、政府の政策文書に「男性中心型労働慣行」の変革が書き込まれたりするなど、男性問題に対する社会の関心は徐々に高まっているように思える。

しかし、その一方で、男性たちが抱える諸問題を、マクロな社会経済的変動や、女性たちが抱える問題と関連づけてシステマティックに理解するという見方は、それほど社会に広く行き渡っているわけではない。むしろ、「若い男がだらしない」とか「女が強くなりすぎた」というように、特定の「身代わり」に責めを負わせてわかったつもりになる反知性主義的な風潮さえ強まっているように思える。また、本書でふれたように、男性に焦点を当てた研究も少しずつ増えてきてはいるが、西洋諸国に比べればその蓄積は圧倒的に少なく、とりわけ理論的・方法論的議論は未成熟なままであるように思える。本書が、男女ともにより生きやすい社会の構想に向けた生産的な議論の足場作りと、日本における男性学・ジェンダー研究のさらなる発展の一助になれば幸いである。

本書の刊行にあたっては、学文社編集部の落合絵理さんに大変お世話になった。出版事情が厳しい折、本書を刊行してくださった学文社と、執筆が大幅に遅れるなか、辛抱強く励ましてくださった落合さんに心からお礼を申し上げたい。

2016年3月

多賀　太

引用・参考文献

和文文献

浅井春夫・北村邦夫・橋本紀子・村瀬幸浩編（2003）『ジェンダーフリー・性教育バッシング―ここが知りたい50のQ＆A』大月書店

天野正子（1988）「「性（ジェンダー）と教育」研究の現代的課題―かくされた「領域」の持続」『社会学評論』第39巻第3号　266-283頁

天野正子・神田道子・金森トシエ・藤原房子・斎藤千代（1980）『女性人材論』有斐閣

生田久美子編著（2011）『男女共学・別学を問い直す―新しい議論のステージへ』東洋館出版社

池谷壽夫（2004）「ドイツにおける「再帰的男女共学」―訳者あとがきに代えて」ハンネローレ・ファウルシュティッヒ＝ヴィーラント著、池谷壽夫監訳『ジェンダーと教育―男女別学・共学論争を超えて』青木書店　289-311頁

池谷壽夫（2009）『ドイツにおける男子援助活動の研究―その歴史・理論と課題』大月書店

伊佐夏実（2014）「学力の男女格差」志水宏吉・伊佐夏実・知念渉・芝野淳一『調査報告「学力格差」の実態』岩波書店　23-35頁

伊田久美子（2008）「社会的排除とジェンダーの再構築」（「社会的排除とジェンダー」第1回講演）『女性学連続講演会：より深く掘り下げるために』第12巻　1-23頁

伊藤公雄（2011）「ヘゲモニー―A・グラムシ『獄中ノート』」井上俊・伊藤公雄編『政治・権力・公共性』55-64頁

伊藤悟（1996）『同性愛の基礎知識』あゆみ出版
伊藤悟・虎井まさ衛（2002）『多様な「性」がわかる本―性同一性障害・ゲイ・レズビアン』高文研
伊藤茂樹（2007）「少年非行と学校」酒井朗編著『新訂　学校臨床社会学』放送大学教育振興会　187-201頁
伊東良徳・大脇雅子・紙子達子・吉岡睦子（1991）『教科書の中の男女差別』明石書店
井上輝子・江原由美子編（1999）『女性のデータブック　第3版』有斐閣
いのちリスペクト。ホワイトリボン・キャンペーン（2014）「LGBTの学校生活に関する実態調査（2013）結果報告書」http://endomameta.com/schoolreport.pdf（2016年1月5日確認）
上野千鶴子・NHK取材班（1991）『90年代のアダムとイブ』日本放送出版協会
上間陽子（2002）「現代女子高校生のアイデンティティ形成」『教育学研究』第69巻3号　367-378頁
氏原陽子（1996）「中学校における男女平等と性差別の錯綜―二つの「隠れたカリキュラム」レベルから」『教育社会学研究』第58集　29-45頁
上床弥生（2011）「中学校における生徒文化とジェンダー秩序―「ジェンダー・コード」に着目して」『教育社会学研究』第89集　27-48頁
江原由美子（1999）「男子校高校生の性差意識―男女平等教育の「空白域」」藤田英典・黒崎勲・片桐芳雄・佐藤学編『教育学年報7　ジェンダーと教育』世織書房　189-218頁
江原由美子（2001）『ジェンダー秩序』勁草書房
江原由美子（2012）「社会変動と男性性」目黒依子・矢澤澄子・岡本英雄編『揺らぐ男性のジェンダー意識―仕事・家族・介護』新曜社　23-37頁
小川真知子・森陽子編著（1998）『実践ジェンダー・フリー教育―フェミニズムを学校に』明石書店

尾川満宏（2011）「地方の若者による労働世界の再構築―ローカルな社会状況の変容と労働経験の相互連関」『教育社会学研究』第88集　251-271頁
奥村康一・水野重理・高間大介（2009）『だから、男と女はすれ違う―最新科学が解き明かす「性」の謎』ダイヤモンド社
尾﨑博美（2009）「男女共学・男女別学をめぐる議論の課題と展望―教育目的・内容を構築する視点としての「ジェンダー」に注目して」『GEMC journal グローバル時代の男女共同参画と多文化共生』No.1　42-51頁
海妻径子（2005）「対抗文化としての〈反「フェミナチ」〉」木村涼子編『ジェンダー・フリー・トラブル』白澤社　35-53頁
片田孫朝日（2005）「男子のジェンダー実践の共同性と文脈性―学童クラブの男子の遊び活動に関する相互行為の分析」『京都社会学年報』13　61-84頁
片田孫朝日（2014）『男子の権力』京都大学学術出版会
加藤隆雄（1991）「課題研究報告 教育とジェンダー（その2）」『教育社会学研究』第48集　206-209頁
門倉貴史（2008）『セックス格差社会―恋愛貧者 結婚難民はなぜ増えるのか?』宝島社
金子元久・小林雅之（2000）『教育の政治経済学』放送大学教育振興会
金城珠代・石田かおる（2015）「共働き第一世代の夫婦間家事バトル」『AERA』10月19日号　朝日新聞出版社　10-15頁
亀田温子・舘かおる編（2000）『学校をジェンダー・フリーに』明石書店
苅谷剛彦（2001）『階層化日本と教育危機―不平等再生産から意欲格差社会（インセンティブ・ディバイド）へ』有信堂高文社

川口章（2008）『ジェンダー経済格差』勁草書房
川口遼（2014）「R・W・コンネルの男性性理論の批判的検討―ジェンダー構造の多元性に配慮した男性性のヘゲモニー闘争の分析へ」『一橋社会科学』Vol.6　65-78頁
河野銀子・藤田由美子編（2014）『教育社会とジェンダー』学文社
川本隆史（1998）「自由と平等は両立するのか」佐藤康邦・溝口宏平編『モラル・アポリア―道徳のディレンマ』ナカニシヤ出版　71-80頁
神田道子・亀田温子・浅見伸子・天野正子・西村由美子・山村直子・木村敬子・野口真代（1985）「「女性と教育」研究の動向」『教育社会学研究』第40集　87-107頁
木村育恵（2014）『学校社会の中のジェンダー―教師たちのエスノメソドロジー』東京学芸大学出版会
木村涼子（1997）「教室におけるジェンダー形成」『教育社会学研究』第61集　39-54頁
木村涼子（2000a）「学校化される〈女〉と〈男〉―近代学校教育における男女の統合と分離」苅谷剛彦他著『教育の社会学―〈常識〉の問い方、見直し方』有斐閣　143-156頁
木村涼子（2000b）「「ジェンダーと教育」の社会学・入門」同右書　187-201頁
木村涼子編（2005）『ジェンダー・フリー・トラブル―バッシング現象を検証する』白澤社
木村涼子（2010）「ジェンダーと教育」岩井八郎・近藤博之編『現代教育社会学』有斐閣　61-77頁
木村涼子・古久保さくら編著（2008）『ジェンダーで考える教育の現在―フェミニズム教育学をめざして』解放出版社
木本喜美子（2003）『女性労働とマネジメント』勁草書房
熊沢誠（1997）『能力主義と企業社会』岩波書店
熊沢誠（2000）『女性労働と企業社会』岩波書店

グラムシ著、V・ジェルラターナ編、獄中ノート翻訳委員会訳（1981）『グラムシ獄中ノートⅠ』大月書店
黒田祥子（2010）「生活時間の長期的な推移」『日本労働研究雑誌』No.599　532-564頁
小池和男（1999）『仕事の経済学（第2版）』東洋経済新報社
厚生省（1998）『平成10年版　厚生白書』
厚生労働省（2003）「脳・心臓疾患及び精神障害等に係る労災補償状況について」http://www.mhlw.go.jp/houdou/2003/06/h0610-4.html（2016年1月5日確認）
厚生労働省（2009）『平成21年版　厚生労働白書』
国税庁（2013）「民間給与実態統計調査結果」https://www.nta.go.jp/kohyo/tokei/kokuzeicho/jikeiretsu/01_02.htm（2016年1月5日確認）
国立教育政策研究所（2015）「OECD生徒の学習到達度調査（PISA）」http://www.nier.go.jp/kokusai/pisa/（2016年1月5日確認）
国立社会保障・人口問題研究所（2013）「第5回全国家庭動向調査」http://www.ipss.go.jp/ps-katei/j/NSFJ5/NSFJ5_top.asp（2016年1月5日確認）
小﨑恭弘（2014）『男の子の本当に響く叱り方ほめ方』すばる舎
小杉礼子（2003）『フリーターという生き方』勁草書房
小杉礼子編（2005）『フリーターとニート』勁草書房
小山静子（2009）『戦後教育のジェンダー秩序』勁草書房
佐倉智美（2002）『女が少年だったころ―ある性同一性障害者の少年時代』作品社
佐倉智美（2003）『女子高生になれなかった少年―ある性同一性障害者の青春時代』青弓社
佐藤郁哉（1984）『暴走族のエスノグラフィー―モードの叛乱と文化の呪縛』新曜社

佐藤厚（2001）『ホワイトカラーの世界』日本労働研究機構
ジェンダーに敏感な学習を考える会（2001）『ジェンダーセンシティブからジェンダーフリーへ―ジェンダーに敏感な体験学習』すずさわ書店
篠原収（2008）『男女共同参画社会を超えて―男女平等・ダイバーシティ（多様性）が受容、尊重される社会の確立に向けて』新水社
渋谷望（2003）『魂の労働―ネオリベラリズムの権力論』青土社
首藤若菜（2003）『統合される男女の職場』勁草書房
職業研究所（1977）『女子技術者の雇用管理―製薬・建築・情報処理産業の事例研究』
総務省統計局（2014）「平成23年　社会生活基本調査　生活時間に関する結果　要約」http://www.stat.go.jp/data/shakai/2011/（2016年1月5日確認）
多賀太（1996）「青年期の男性性形成に関する一考察―アイデンティティ危機を体験した大学生の事例から」『教育社会学研究』第58集　47-64頁
多賀太（2001）『男性のジェンダー形成―〈男らしさ〉の揺らぎのなかで』東洋館出版社
多賀太（2005）「教育における「男性」研究の視点と課題―「男というジェンダー」の可視化」『教育学研究』第72巻第2号　174-185頁
多賀太（2006）『男らしさの社会学―揺らぐ男のライフコース』世界思想社
多賀太（2007）『男性雇用労働者の生活構造の変化と持続に関する研究』（平成16～18年度科学研究費補助金（若手研究B）研究成果報告書）
多賀太（2010）「男性性というジェンダー」井上俊・伊藤公雄編『近代家族とジェンダー』世界思想社　177-186頁

多賀太編（2011）『揺らぐサラリーマン生活―仕事と家庭のはざまで』ミネルヴァ書房
多賀太・天童睦子（2013）「教育社会学におけるジェンダー研究の展開―フェミニズム・教育・ポストモダン」『教育社会学研究』第93集 119-150頁
竹内洋（1995）『日本のメリトクラシー』東京大学出版会
田中俊之（2009）『男性学の新展開』青弓社
田中俊之（2015）『男がつらいよ』KADOKAWA
太郎丸博編（2006）『フリーターとニートの社会学』世界思想社
男女平等教育をすすめる会（1997）『どうして、いつも男が先なの？―男女混合名簿の試み』新評論
知念渉（2013）「非行系青少年支援における「男性性」の活用―文化実践に埋め込まれたリテラシーに着目して」『部落解放研究』№199 41-52頁
土田陽子（2008）「男の子の多様性を考える―周辺化されがちな男子生徒の存在に着目して」木村涼子・古久保さくら編著『ジェンダーで考える教育の現在（いま）―フェミニズム教育学をめざして』解放出版社 62-77頁
筒井晴香（2013）「脳の性差論」木村涼子・伊田久美子・熊安貴美江編著『よくわかるジェンダー・スタディーズ―人文社会科学から自然科学まで』ミネルヴァ書房 154-155頁
帝塚山中学校高等学校（2015）「男女併学」http://www.tezukayama-h.ed.jp/tokusyoku/heigaku.html（2015年1月5日確認）
東京女性財団（1995）『あなたのクラスはジェンダー・フリー？ 若い世代の教師のために』
友野清文（2013a）『ジェンダーから教育を考える―共学と別学／性差と平等』丸善出版
友野清文（2013b）「米国における男女共学・別学論の動向」昭和女子大学『学苑』№871 31-50頁

友野清文（2014）「英国における男女共学・別学論の動向」昭和女子大学『学苑』№.８８３　９７-１１０頁
内閣府（2007）『平成19年版　男女共同参画白書』
内閣府（2009）『平成21年版　男女共同参画白書』
内閣府（2010）『平成22年版　男女共同参画白書』
内閣府（2013）「数値目標に関する分析等について（案）」（仕事と生活の調和連携推進・評価部会・仕事と生活の調和関係省庁連携推進会議合同会議（第25回）配付資料）http://wwwa.cao.go.jp/wlb/government/top/hyouka/k_25/（２０１６年1月5日確認）
内閣府（2014）『平成26年版　男女共同参画白書』
内閣府（2015a）『平成27年版　自殺対策白書』
内閣府（2015b）『平成27年版　男女共同参画白書』
内閣府（2015c）「男女間における暴力に関する調査（平成26年度調査）報告書」http://www.gender.go.jp/e-vaw/chousa/h26_boryoku_cyousa.html（２０１６年1月5日確認）
直井道子・村松泰子編『学校教育の中のジェンダー―子どもと教師の調査から』日本評論社
中井俊己（2014）『男女別学で子どもは伸びる！』学研（中井俊己（2010）『なぜ男女別学は子どもを伸ばすのか』学研新書の改稿・解題）
中西祐子（1998）『ジェンダー・トラック―青年期女性の進路形成と教育組織の社会学』東洋館出版社
中西祐子・堀健志（1997）「「ジェンダーと教育」研究の動向と課題―教育社会学・ジェンダー・フェミニズム」『教育社会学研究』第61集　７７-１００頁
中野麻美（2006）「貧困化と二極化のなかの女性労働」『唯物論研究年誌』第11号、青木書店　２４２-２６５頁
永濱利廣（2012）『男性不況』東洋経済新報社

鍋島祥郎（2003）『高校生のこころとジェンダー』解放出版社
西尾幹二・八木秀次（2005）『新・国民の油断―「ジェンダーフリー」「過激な性教育」が日本を亡ぼす』ＰＨＰ研究所
西躰容子（1998）「『ジェンダーと学校教育』研究の視角転換―ポスト構造主義的展開へ」『教育社会学研究』第62集　5-22頁
西躰容子（1999）「「女子」だけでいいのか？―学校の中の「男子」を視野に入れたジェンダー研究の必要性」『人間発達研究』22　87-94頁
『ニューズウィーク』日本版　２００６年2月15日号
橋本紀子（1992）『男女共学制の史的研究』大月書店
橋本秀雄（1998）『男でも女でもない性』青弓社
羽田野慶子（2004）「〈身体的な男性優位〉神話はなぜ維持されるのか―スポーツ実践とジェンダーの再生産」『教育社会学研究』第75集　１０５-１２５頁
林道義（1996）『父性の復権』中央公論社
原坂一郎（2010）『言うこと聞かない！落ち着きなさい！　男の子のしつけに悩んだら読む本』すばる舎
樋口明彦（2004）「現代社会における社会的排除のメカニズム―積極的労働市場政策の内在的ジレンマをめぐって」『社会学評論』55(1)　2-18頁
兵頭新児（2009）『ぼくたちの女災社会』二見書房
広田照幸（1999）『日本人のしつけは衰退したか―「教育する家族」のゆくえ』講談社
深澤真紀（2007）『平成男子図鑑―リスペクト男子としらふ男子』日経ＢＰ社
深谷野亜（2003）「元気な女の子・元気のない男の子の時代」『児童心理』57巻16号　１４８５―１４９０頁

藤田英典（1993）「教育における性差とジェンダー」『性差と文化（東京大学公開講座57）』東京大学出版会
藤田由美子（2004）「幼児期における「ジェンダー形成」再考―相互作用場面にみる権力関係の分析より」『教育社会学研究』第74集　329-348頁
藤田由美子（2015）『子どものジェンダー構築―幼稚園・保育園のエスノグラフィ』ハーベスト社
藤村正之（2006）「若者世代の「男らしさ」とその未来」阿部恒久・大日方純夫・天野正子編『男性史3「男らしさ」の現代史』日本経済評論社　191-227頁
船橋惠子（2000）「「幸福な家庭」志向の陥穽」目黒依子・矢澤澄子編『少子化時代のジェンダーと母親意識』新曜社　47-67頁
部落解放・人権研究所編（2005）『排除される若者たち―フリーターと不平等の再生産』解放出版社
ベネッセ教育総研（2003）『「元気な女の子」と「ほどほど志向の男の子」モノグラフ・中学生の世界』73号、ベネッセ教育総研
法務省法務総合研究所編（2009）『再犯防止施策の充実　犯罪白書　平成21年版』
堀雅裕・斎藤宏充・井原徹・金子博・兼高聖雄（2012）「座談会 なでしこ戦略―女性大学の活性化に向けて」『大学時報』2012年5月号　14-29頁
堀内かおる（2003）「家庭科は誰が学ぶもの？―〈ジェンダー再生産の象徴〉を超えて」天野正子・木村涼子編『ジェンダーで学ぶ教育』世界思想社　104-118頁
堀内真由美（2008）「男女共学制は進歩の砦？―イギリスの共学点検からみた日本の学校」木村涼子・古久保さくら編著『ジェンダーで考える教育の現在（いま）―フェミニズム教育学をめざして』解放出版社　26-41頁
本田由紀（2002）「ジェンダーという観点から見たフリーター」小杉礼子編『自由の代償／フリーター』労働

政策研究・研修機構　149-174頁
本田由紀（2004）「学校から職場へ―風化する「就社」社会」佐藤博樹・佐藤厚編『仕事の社会学』有斐閣　103-121頁
本田由紀（2005）『多元化する「能力」と日本社会―ハイパー・メリトクラシー化のなかで』NTT出版
本田由紀・筒井美紀編著（2009）『仕事と若者（リーディングス日本の教育と社会第19巻）』日本図書センター
本田由紀・内藤朝雄・後藤和智（2006）『「ニート」って言うな！』光文社
増淵則敏（2015）「県立高校における男女共学と別学の違いによる教育的効果の分析」（政策研究大学院大学教育政策プログラム ポリシーペーパー）http://www3.grips.ac.jp/~education/wp/wp-content/uploads/2015/04/MJE14704.pdf （2016年1月5日確認）
町沢静夫（2008）「不登校、引きこもりはなぜ男子に多いのか」『児童心理』62巻4号　23-28頁
三浦展（2007）『下流社会 第2章―なぜ男は女に〝負けた〟のか』光文社
宮崎あゆみ（1991）「学校における「性役割の社会化」再考―教師による性別カテゴリー使用をてがかりとして」『教育社会学研究』第48集　105-123頁
宮崎あゆみ（1993）「ジェンダー・サブカルチャーのダイナミクス―女子高におけるエスノグラフィーをもとに」『教育社会学研究』第52集　157-177頁
宮崎あゆみ（2013）「ジェンダー／セクシュアリティと教育―アイデンティティのゆらぎ」石戸教嗣編『新版 教育社会学を学ぶ人のために』世界思想社　185-202頁
村松泰子（2002）「男女共同参画社会の形成に向けた学び」『国立女性教育会館研究紀要』Vol.6　3-13頁
メンズセンター（1996）『「男らしさ」から「自分らしさ」へ』かもがわ出版
望月由孝（2002）「公立女子高 廃止してはならない理由」『朝日新聞』2002年7月6日付朝刊

森繁男（1989）「性役割の学習としつけ行為」柴野昌山編『しつけの社会学』世界思想社　155-171頁
森繁男（1992）「「ジェンダーと教育」研究の推移と現況—「女性」から「ジェンダー」へ」『教育社会学研究』第50集　164-183頁
森繁男（2005）「見えないジェンダー」望月重信他編著『教育とジェンダー形成—葛藤・錯綜／主体性』ハーベスト社　25-46頁
文部科学省（2014）「学校基本調査—平成26年度（確定値）結果の概要」http://www.mext.go.jp/b_menu/toukei/chousa01/kihon/kekka/k_detail/1354124.htm（2016年1月5日確認）
山口季音（2008）「男性間ハラスメントのジェンダー学的考察」『九州教育学会研究紀要』36　71-78頁
山口季音（2013）「「男らしさ・女らしさ」の伝達を考える—児童養護施設職員の実践を通して」『ヒューマン・ライツ』№299　54-59頁
山田昌弘（2004）『希望格差社会—「負け組」の絶望感が日本を引き裂く』筑摩書房
山根純佳（2010）『なぜ女性はケア労働をするのか—性別分業の再生産を超えて』勁草書房
吉原恵子（1995）「女子大学生における職業選択のメカニズム—女性内分化の要因としての女性性」『教育社会学研究』第57集　107-124頁
連合（2013）「連合・賃金レポート2013 —デフレと賃金格差拡大の15年」http://www.jtuc-rengo.or.jp/roudou/shuntou/2013/shuukei_bunseki/index.html（2016年1月5日確認）

欧文文献

American Association of University Women（1992）*How Schools Shortchange Girls*, New York: Marlowe & Company.

Askew, S. and C. Ross,（1988）*Boys Don't Cry: Boys and Sexism in Education*, Open University Press.（=1997 堀内かおる訳『男の子は泣かない―学校でつくられる男らしさとジェンダー差別解消プログラム』金子書房）
Barthes, Roland（1957）Mythologies, Éditions du Seuil, Pierres vives.（=1967 篠沢秀夫訳『神話作用』現代思潮社）
Biddulph, Steve（1997）*Raising Boys: Why Boys Are Different—and How to Help Them Become Happy and Well-balanced Men*, Finch.（=2002 菅靖彦訳『男の子ってどうしてこうなの？―まっとうに育つ九つのポイント』草思社）
Burris, Beverly H.（1996）"Technocracy, Patriarchy and Management," D. L. Collinson & J. Hearn eds., *Men as Managers, Managers as Men*, London: Sage, pp.61-77.
Clatterbaugh, Kenneth（1997）*Contemporary Perspectives on Masculinity: Men, Women, and Politics in Modern Society*（2nd ed.）, Westview Press.
Connell, R. W.（1987）*Gender and Power: Society, the Person and Sexual Politics*, Polity Press.（=1993 森重雄・菊地栄治・加藤隆雄・越智康詞訳『ジェンダーと権力―セクシュアリティの社会学』三交社）
Connell, R. W.（1995）*Masculinities*, Polity Press.
Connell, R. W.（2002）*Gender*, Polity Press.（= 2008 多賀太監訳『ジェンダー学の最前線』世界思想社）
Connell, R. W. and James W. Messerschmidt（2005）"Hegemonic Masculinity: Rethinking the Concept," *Gender & Society*, 19, pp.829-859.
Dasgupta, Romit（2013）*Re-reading the Salayman in Japan: Crafting Masculinities*, Routledge.
DEEWR（Department of Education, Employment and Workplace Relations, Australian Government）

(2010)"Boys' Education Lighthouse Schools Stage Two Final Report 2006".
Epstein, Debbie ed. (1998) *Failing Boys?: Issues in Gender and Achievement*, Open University Press.
Faulstich-Wieland, Hannelore (1995) *Geschlecht und Erziehung: Grundlagen des Pädagogischen Umgangs mit Mädchen und Jungen*, Wissenschaftliche Buchgeselischaft.(=2004 池谷壽夫監訳『ジェンダーと教育―男女別学・共学論争を超えて』青木書店)
Hidaka, Tomoko (2010) *Salayman Masculinity: Continuity and Change in Hegemonic Masculinity in Japan*, Brill.
Hochschild, Arlie R. (1983) *The Managed Heart: Commercialization of Human Feeling*, University of California Press.(=2000 石川准・室伏亜希訳『管理される心―感情が商品になるとき』世界思想社)
Jones, Gill. & Claire Wallace (1992) *Youth, Family and Citizenship*, Open University Press.(=1996 宮本みち子監訳『若者はなぜ大人になれないのか―家族・国家・シティズンシップ』新評論)
Laird, Susan (1994)"Rethinking Coeducation," *Studies in Philosophy and Education*, vol.13, pp.361-378.
Leonard, Diana (2006)"Single-Sex Schooling," Skelton, Christine, Becky Francis and Lisa Smulyan eds., *The SAGE Handbook of Gender and Education*, Sage, pp.190-204.
Lesko, Nancy ed. (2000) *Masculinities at School*, Sage Publicaions.
Mac an Ghaill, Martin (1994) *The Making of Men: Masculinities, Sexualities and Schooling*, Open University Press.
Martino, Wayne and Bob Meyenn (2001) *What about the boys?: Issues of Masculinity in Schools*, Open University Press.
Martino, Wayne, Michael D. Kehler and Marcus B. Weaver-Hightower eds. (2009) *The Problem with Boys'*

Education: Beyond the Backlash, Routledge.
McDowell, Linda（2003）*Redundant Masculinities?: Employment Change and White Working Class Youth*, Blackwell Publishing.
Mead, George H.（1934）*Mind, Self, and Society: From the Standpoint of a Social Behaviorist*, University of Chicago Press.（=1973 稲葉三千男他訳『精神・自我・社会』青木書店）
Merton, Robert K.（1949）*Social Theory and Social Structure: Toward the Codification of Theory and Research*, Free Press of Glencoe.（=1961 森東吾他訳『社会理論と社会構造』みすず書房）
Messerschmidt, James W.（2012）“Engendering Gendered Knowledge: Assessing the Academic Appropriation of Hegemonic Masculinity,” *Men and Masculinities*, 15（1）: pp.56-76.
Messner, Michael A.（1997）*Politics of Masculinities: Men in Movements*, Sage Publications.
Mills, Martin, Becky Francis and Christine Skelton（2009）“Gender Policies in Australia and the United Kingdom,” in Martino et al. eds., pp.36-55.
Parsons, Talcott and Robert F. Bales（1956）*Family: Socialization and Interaction Process*, Routledge & Kegan Paul.（=2001 橋爪貞雄他訳『家族―核家族と子どもの社会化』黎明書房）
Roberson, James E. and Nobue Suzuki（2003）*Men and Masculinities in Contemporary Japan: Dislocating the salaryman doxa*, RoutledgeCurzon.
Sadker, M. & Sadker, D.（1994）*Failing at Fairness: How Our Schools Cheat Girls*, New York: Touchstone.（=1996 川井あさ子訳『「女の子」は学校でつくられる』時事通信社）
Satel, Sally and Scott O. Lilienfeld（2013）*Brainwashed: The Seductive Appeal of Mindless Neuroscience*, Basic Books.（=2015 柴田裕之訳『その〈脳科学〉にご用心―脳画像で心はわかるのか』紀伊國屋書店）

SCET（House of Representatives Standing Committee on Education and Training）（2002）*Boys: Getting it Right: Report on The Inquiry into the Education of Boys*, Canberra: Commonwealth Australia.

Skelton, Christine（2001）*Schooling the Boys: Masculinities and Primary Education*, Open University Press.

Thorne, Barrie（1993）*Gender Play: Girls and Boys in School*, Open University Press.

USDE（U. S. Department of Education）（2010）"The Condition of Education 2009," http://nces.ed.gov/programs/coe/2009/pdf/10_2009.pdf.（２０１０年1月31日確認）

Wajcman, Judy（1998）*Managing like a Man: Women and Men in Corporate Management*, Pennsylvania State University Press.

Weaver-Hightower, Marcus B.（2009）"Issues of Boy's Education in the United States: Diffuse Contexts and Futures," in Martino et al. eds., pp.1-35.

Weber, Max（1922）"Soziologie der Herrschaft," Wirtshaft und Gesellschaft, Grundriss der verstehenden Soziologie, J.C.B. Mohr, 4. Aufl, besorgt von Johannes Winckelmann, Zweiter Teil, Kapitel IX, J.C.B. Mohr（Paul Siebeck）, 1956.（=1960-62 世良晃志郎訳『支配の社会学』Ⅰ・Ⅱ、創文社）

Weiner, Gaby, Madeline Arnot and Miriam David（1997）"Is the Future Female? Female Success, Male Disadvantage, and Changing Gender Patterns in Education," in Halsey, A. H. et al. eds., *Education: Culture, Economy, and Society*, Oxford University Press, pp.620-630.（=2005 多賀太訳「将来は女性の時代か?—女性の成功・男性の不利益・教育におけるジェンダー・パターンの変化」住田正樹・秋永雄一・吉本圭一編訳『教育社会学—第三のソリューション』九州大学出版会、４９３–５１５頁）

WEF（The World Economic Forum）(2015)"The Global Gender Gap Report," http://reports.weforum.org/global-gender-report-2015/（２０１６年2月26日確認）

Willis, Paul E.（1977）*Learning to Labour: How Working Class Kids Get Working Class Jobs.*（=1985 熊沢誠・山田潤訳『ハマータウンの野郎ども―学校への反抗・労働への順応』筑摩書房）

Willis, Paul E.（2003）“Foot Soldiers of Modernity: The Dialectics of Cultural Consumption and the Twenty-First-Century School,” *Harvard Educational Review*, September, Vol.73, No.3: pp.390-415.（=2012 山本雄二訳「モダニティの歩兵たち―文化消費の弁証法と21世紀の学校」ヒュー・ローダー他編／苅谷剛彦・志水宏吉・小玉重夫編訳『グローバル化・社会変動と教育２―文化と不平等の社会学』東京大学出版会、８７-１０６頁）

Young, Michael（1958）*The Rise of the Meritocracy, 1870-2033: An Essay on Education and Equality*, Thames and Hudson.（=1982 窪田鎮夫・山元卯一郎訳『メリトクラシー』至誠堂）

初出一覧

第1章　「男子問題の時代？―ジェンダー構造の変化と男子論争―」稲垣恭子編著『教育における包摂と排除―もうひとつの若者論―』明石書店、2012年、47-78頁を加筆修正
第2章　書き下ろし
第3章　「ジェンダー化された「能力」の揺らぎと「男性問題」」本田由紀編『労働再審①転換期の労働と〈能力〉』大月書店、2010年、132-145頁を加筆修正
第4章　「学校教育とジェンダー問題」酒井朗編著『新訂 学校臨床社会学』放送大学教育振興会、2007年、155-169頁を加筆修正
第5章　「学校における男女平等教育の浸透と子どもの抵抗―研究指定小学校の事例を通して―」住田正樹・多賀太編『子どもへの現代的視点』北樹出版、2006年、180-195頁を加筆修正
第6章　書き下ろし
第7章　「男子研究の方法論的展開―日本の教育社会学を中心に―」『関西大学 文学論集』第64巻第2号、2014年、37-58頁を加筆修正

な行

は行

ま行

や行

た行

索　引

あ行

か行

さ行

【著者紹介】

多賀　太（たが　ふとし）

1968年 愛媛県生まれ

1996年 九州大学大学院教育学研究科博士後期課程単位取得退学

九州大学教育学部助手，日本学術振興会特別研究員，久留米大学文学部准教授などを経て，現在，関西大学文学部教授／博士（教育学）

専攻は，教育社会学，ジェンダー論

主　著

『男性のジェンダー形成』（単著）東洋館出版社，2001年
『男らしさの社会学』（単著）世界思想社，2006年
『子どもへの現代的視点』（共編著）北樹出版，2006年
『ジェンダー学の最前線』（監訳）世界思想社，2008年
『揺らぐサラリーマン生活』（編著）ミネルヴァ書房，2011年
『よくわかる教育社会学』（共編著）ミネルヴァ書房，2012年
『男性の非暴力宣言』（共著）岩波書店，2015年

男子問題の時代？　―錯綜するジェンダーと教育のポリティクス―

2016年5月10日　第一版第一刷発行
2016年8月10日　第一版第二刷発行

著　者　多賀　太

発行者　田中　千津子
発行所　株式会社 学 文 社

〒153-0064　東京都目黒区下目黒3-6-1
電話　03（3715）1501（代）
FAX　03（3715）2012
http://www.gakubunsha.com

印刷所　新灯印刷

乱丁・落丁の場合は本社でお取替えします。
定価は売上カード，カバーに表示。

ISBN978-4-7620-2634-8